사진으로 보는
강은교회 33년사
1983~2016

책 머리에

사람들은 보통 한 세대를 30년이라고 말합니다. 그렇게 보면 우리 교회는 이제 한 세대를 지나 새로운 세대를 맞이하고 있습니다. 설립 33주년을 맞이했기 때문입니다. 우리 교회는 매우 의미 있고 중요한 시기를 지나고 있는 것입니다. 이때에 우리가 꼭 해야 할 중요한 일이 무엇일까를 생각해 보았습니다. 그것은 역사를 되돌아보는 것이었습니다. E. H. 카 라는 역사학자는 '역사는 과거와 현재의 끊임없는 대화'라고 하였습니다. 현재 우리 교회가 있기까지 하나님께서 어떻게 역사하셨는지를 보는 것은 은혜에 대한 감사의 기회가 될 것이고, 앞으로에 있을 은혜에 대한 기도가 될 것입니다.

우리 교회 33년사를 발간하고자 합니다. 특별히 '사진을 중심으로 보는 강은교회 33년사'를 발간하고자 합니다. 얼마나 생생할까요. 사진은 그 당시 현실 모습을 전달해 주는 좋은 매체입니다. 이런 의미에서 보면 사진을 중심으로 보는 교회 33년사는 생생하게 살아 움직이는 듯한 생동감을 줄 것입니다.

발간사를 내고자 사진을 정리하다보니 아쉬움도 많았습니다. 중요한 역사적 순간들을 찍어 두지 못한 것이 많았고, 찍었어도 보관을 잘하지 못해 퇴색된 것이 많았습니다. 정리하면서 많이 안타까웠습니다. 따라서 자료가 조금 부족하다 싶은 것들도 있을 수 있겠습니다. 하지만 이 사진들은 우리 교회의 소중한 역사의 한 페이지라는 긍지와 자부심을 가지고 보셨으면 합니다. 그리고 이 책에 나오는 사진들은 사진의 작품성을 보고 선정한 것이 아니라 역사성을 보고 선정하였다는 것을 말씀드립니다. 또 가능하면 연대순 날짜순으로 배열하려고 하였지만 판독이 어려워 정확한 배열이 아닐 수 있음도 말씀 드립니다.

사진에 나오는 분들이 계십니다. 이 분들은 어떤 분야나 상황에서 우리 교회의 역사와 나의 목회 사역에 연관이 된 분들입니다. 우리 교회가 여기까지 오는데 하나님께서 통로로 사용하신 소중한 분들입니다. 우리 교회 역사의 흔적 속에 족적을 남기신 소중한 분들입니다. 한 컷

한 컷이 소중하게 느껴집니다. 그냥 대충보아 넘길 사진이 단 한 장도 없습니다. 역사에 박혀 있는 흔적이 아닌 만지면 있을 것 같은 감동이 느껴집니다.

이 책은 판매 목적이 아니라 우리 교회 역사보존에 가치를 두고 출판하여 영구보존할 것입니다. 혹시 책에 등재되지 못하였어도 섭섭한 마음을 가지지 마시기를 부탁드립니다. 미처 준비되지 못하였거나 선명도에서 선택받지 못하여 책에 사진으로 등재되지 못한 것입니다. 그리고 해외선교 사역의 특정 국가는 보안을 요하는 부분이 있어서 공개적으로 다 수록하지 못함도 참고해 주시기 바랍니다.

제2기 사역에는 세밀한 기록과 촬영으로 우리 교회의 역사를 공감각적으로 남기겠습니다. 그래서 우리 교회를 향한 하나님의 역사하심이 얼마나 크고 위대하신지를 보다 더 잘 남기도록 노력하겠습니다.

데살로니가전서 1장 2-4절을 보면, "우리가 너희 모두로 말미암아 항상 하나님께 감사하며 기도할 때에 너희를 기억함은 너희의 믿음의 역사와 사랑의 수고와 우리 주 예수 그리스도에 대한 소망의 인내를 우리 하나님 아버지 앞에서 끊임없이 기억함이니 하나님의 사랑하심을 받은 형제들아 너희를 택하심을 아노라"라는 말씀이 나옵니다.

"믿음의 역사와 사랑의 수고와 우리 주 예수 그리스도에 대한 소망의 인내"라는 말씀을 대하며 나는 우리 교회 성도님들을 생각했습니다. 33년을 한결 같이 우리 교회를 섬기는 사랑하는 모든 성도들에게 진심으로 감사를 드립니다. 여러분들을 진심으로 사랑합니다.

그리고 우리 교회의 33년사에 축하의 메시지를 보내주신 분들께 머리 숙여 감사드립니다. 이 책이 성도들의 가정에 보관되어 세월이 더 많이 흘렀을 때 은혜에 대한 감사와 아름다운 추억이 되길 바랍니다. 그리고 헌신에 대한 다짐이 되기를 바랍니다.

2016년 12월 3일

담임목사 황 화 진

연혁

1983.12.03 황화진 전도사가 수원시 정자동에 강은교회를 설립하다.
1984.02.20 대한예수교장로회 중부노회에 가입하다.
1985.09.16 황화진 강도사 중부노회에서 목사안수 받다.
1985.11.11 수원시 이목동 152번지 전 169평방미터를 매입하다.
1986.01.03 상기 토지에 공사용 판넬로 가건물을 설치하고 교회를 이전하니 재 개척이 되다.
1986.05.08 효원중·고등청소년학교 설립하여 근로청소년 교육 사업을 시작하다.
1987.02.28 농사용 보온덮개 하우스를 설치하여 교회로 사용하다.
1987.12.20 블록 슬레이트 조로 성전을 건축하고 입당예배 드리다.
1990.03.11 시온성가대를 조직하다.
1990.05.30 이스라엘 성지순례 시 동남아 및 유럽 8개국을 순방하다.
1990.07.29 12인승 중고 승합차 처음 구입하다.
1992.10.30 지하 기도실 설치 입주하다.
1994.04.17 매주 월요일 기도회 시작하다.
1994.08.10 수원시 권선구 탑동 대지 320평방미터 경량철골조 건물 158 평방미터 매입하다.
1994.12.11 탑동성전에서 첫 주일예배 드리다.
1995.01.07 만 9년 동안 사용한 이목동 건물 매각 처분하다.
1995.04.18 박노식 장로 시무장로 취임하다.
1997.04.14 대한예수교 장로회 중부노회장에 피선되어 3선 연속으로 섬기다.
1997.08.17 필리핀 자국인 선교사 5인 본 교회 내방하다.
1999.06.15 강은출판사 등록 2011. 12. 22 폐업하다.
1999.12.11 한국문인협회 주최 수원문학상 수필부문에 당선되어 신인상 받다.
2000.03.15 수원시로부터 환지사용 허가 득하다.
2000.04.15 건축허가 득하다.
2000.10.16 준공허가 득(연건평 약 250평)하다.
2000.10.23 강은어린이집 관할구청 신고 필하다.
2000.12.16 강은교회 입당(준공식)예배드리다.
2001.01.08 김창수 전도사 부임하다.
2001.05.09 강은미술학원 인가 득하다.
2002.01.01 박성자를 명예전도사로 임명하다.
2002.01.06 정두옥 지휘자 부임하다.
2002.05.16 도시가스 공급 개시하다.
2002.07.14 주일저녁예배를 오후예배로 변경하다.
2003.06.22 김성환 전도사 부임하다.
2004.12.19 서정필 전도사 부임하다.
2005.01.02 이주경 지휘자 부임하여 7년간 사역하다.
2005.01.26 문학저널에서 신인문예상 수상 후 한국문인협회와 한국수필가협회 정회원 되다.
2005.03.21 중국 신학교 강의 사역 시작하다.
2006.10.24 수원시기독교총연합회 주최 목회자 간담회에서 우리교회 사례발표하다.
2007.07.05 상수도 개통하다.
2007.10.11 캄보디아 국방부 고위급 장교 한국방문단 환영기도회 우리교회서 드리다.
2008.06.01 서부경찰서 경목 및 행정타운교회 담임사역자 사역 시작하다.
2009.01.11 강민구 전도사 부임하다.

2009.02.01	이기임 권사 임직하다.
2009.03.08	황화진 목사 명예 신학박사학위 받다.
2009.03.29	박노식 장로 시무 은퇴하다.
2009.05.01	다니엘수련원 한국기독교기도원총연합회에 가입하다.
2009.09.09	다니엘수련원 건축허가 득하다.
2009.11.27	강은음악원 교육청 신고 필하다.
2010.01.03	김고은 간사 임명하다.
2010.10.22	서부경찰서 경목위원회 부위원장 피선되다.
2010.11.07	강민구 전도사 파송(이임)예배 드리다.
2011.04.03	실버회 조직하다.
2011.05.31	다니엘수련원 준공허가 득하다.
2011.10.21	서부경찰서 경목실장에 피선 되다.
2012.01.01	김창섭 지휘자 부임하여 그 해 11월 25일 사임 하다.
2012.07.14	다니엘수련원 준공식을 갖다.
2012.12.02	조원근 집사 지휘자 부임 13개월 사역하다.
2013.02.03	김진용, 박만귀, 남진태가 안수집사로 장영희, 임순희가 권사로 임직하다.
2013.06.09	탈북 1호 박사 이애란 집사 간증예배 드리다.
2013.08.11	강민구 전도사 칠레 파송예배 드리다.
2013.08.29	가칭 한국기독경찰동문회 발기인 모임을 갖다.
2013.11.12	한국기독경찰동문회가 결성되어 총재로 추대 받다.
2013.12.01	교회 창립 30주년 기념예배 드리다.
2014.01.19	김고은 간사 사임하다.
2014.01.12	이미영 지휘자 부임하다.
2014.10.08	서부경찰서 경목위원회 위원장 피선되다.
2014.10.09	캄보디아 국방부 장군·장교 한국방문단 우리교회 두 번째 방문하다.
2014.12.08	안양대학교 신학부 제35회 동창회장에 피선되다.
2015.01.04	안성훈 지휘자 부임하다.
2015.02.01	정미경 의원 오전예배에 참석하여 짧은 간증하다.
2016.01.01	안성훈 음악전도사 부임하다.
2015.02.17	이평소 목사 다니엘수련원 2대 섬김이로 확정하다.
2015.04.05	한일주차장 주일만 쓰기로 임대하다.
2015.04.13	명성그룹장례지도사교육원 전임강사 강의 시작하다.
2015.09.14	대한예수교장로회(대신)교단이 50회 총회에 분열되다.
2015.12.25	"그곳은 마게도냐였다" '북랩'에서 출판하여 전국 서점에 유통되다.
2016.01.01	안성훈 전도사 부임하다.
2016.02.15	교단주관 군 동성애 반대 평화시위 및 기자회견을 헌법재판소 정문에서 갖다.
2016.03.07	다니엘수련원 3대 섬김이로 진원권 안수집사 입주하다.
2016.05.02	강은어린이집 폐원하다.
2016.07.29	총회 농어촌선교회 주관 기도회가 우리교회에서 시행되다.
2016.10.16	캄보디아 국방부 장군 4쌍과 김태권 선교사 내외 다녀가다
2016.12.04	교회 창립 33주년 예배드리다.

사진으로 보는
강은교회 33년사
1983~2016

목 차
CONTENTS

2	|	책머리에
4	|	연혁
7	|	창립 33주년에 부쳐
9	|	결산, 강은교회 33년
11	|	축사
15	|	개척 전 시대(1983 이전)
21	|	정자동 시대(1983-1985)
29	|	이목동 시대(1985-1994)
57	|	탑동 시대(1994-2016)
58	|	(1) 은혜와 평강이 넘치는 교회
80	|	(2) 교회의 각 기관
99	|	(3) 군부대 및 경찰서 사역
120	|	(4) 해외선교 및 교육 사역
149	|	(5) 문서선교 및 찬양 사역 그리고 기타 사진들
169	|	(6) 교단관련 사역
178	|	(7) 내방객과 함께
196	|	경향 각지에서 날라 온 축하의 메시지
202	|	편집후기
206	|	저자소개

창립 33주년에 붙여

　같은 지역에서 목회하는 합동 교단 동료 목사 성역 33주년 감사예배에 참여해 달라는 청을 받고 갔었다. 예배 후 정미경 변호사가 나보고 "목사님도 하시지요?"하기에 가만히 생각해 보니 우리교회는 금년이 창립 33주년이 되는 해이다.
　33은 예수님이 33년을 사시고 인류의 죄를 대신 짊어지시고 십자가에 달려 돌아가신 연령 숫자이다. 예수님은 3년 일하시기 위하여 30년을 준비하셨고 결정적으로는 3일 만에 구속사역을 다 이루셨다. 죽으신 것으로 끝이 아니라 3일 만에 다시 살아나셔서 그 후로는 영원한 생명이 전파되고 있다.
　예수님으로서는 33년이 고난의 해였는데 나 역시 금년 우리교회 33주년에 고난이 있었다. 부당한 소송에 휘말려서 그거 대응하느라 머리가 아팠다. 이것은 단순히 내 개인의 문제가 아니라서 신경이 더 쓰였다. 자칫하면 하나님 영광 가릴까봐 맘이 쓰였다. 그러다가 어지럼증이 하루 있었지만 그 후유증으로 무기력한 것이 4월 5월 두 달이었다. 그러다 그것이 회복되자마자 임플란트 수술을 했는데 의외로 통증을 수반하여 진통제를 쓰며 6월 한 달 내내 힘들었다. 그래서 따져보니 3개월을 육체의 고통과 함께 그래도 사역은 빈틈없이 수행하면서 아픈 나날을 보냈다. 물론 지금은 다 회복했다. 정말 날아갈 것 같은 기분이다. 3개월을 정상 산행을 못했는데 다시 발동을 걸었다. 내가 가는 정 코스로 2시간 가까이 소요되는 등산로 주변은 신록이 우거진 숲과 드문드문 보이는 이름 모를 형형색색의 꽃들이 너무 아름답다. 어떻게 저렇게 컬러풀한 색깔을 넣으셨을까 하고 창조주 하나님을 찬양했다.
　우리교회 사역을 만 33년은 전반기 제1기 사역이고 34년째부터는 후반기 제2기 사역으로 주님 오실 때까지 반석 위에 세운 교회로 영원히 지속될 것이다. 그래서 금년까지의 사역을 정리하여 교회 역사를 남겨야겠다는 생각이 들어 지나온 사진들을 들춰보게 되었다.

1983년 12월에 시작된 우리교회이다. 그 당시는 아날로그 시절이라 사진을 찍어서 보관하는 일이 지금처럼 발달하지 못한 때였다. 그래서 중요한 때 못 찍은 것도 많고 그나마 찍은 사진도 빛이 바랬고 분실된 것도 많다. 그래도 자료를 찾느라 여기저기 뒤져서 더러 흔적을 남길 수 있게 되었다. 지금은 디지털 시대로 스마트폰 자체에 카메라 기능이 장착되어 있어서 얼마든지 찍고 보관하는 것도 컴퓨터나 SNS로 가능하기 때문에 참으로 좋다.

우리교회가 추진했던 프로젝트가 잘 준비되었으면 금년을 창립 33주년 기념 예배로 드릴까 하는 생각도 있었지만 아직은 그럴 환경이 못 되고 그래서 "사진으로 보는 강은교회 33년사"라는 책자를 발행하게 되었다. 많은 사진 중에서 엄중 선별하여 290여 장을 확정하고 관련된 설명 내지는 간증을 붙였다. 이 책의 출판의 목적은 이윤 창출이 아니라 교회 역사를 보존하고자 하는 것이다.

이스라엘 조그마한 동네에서 시작된 복음이 지금은 전 세계적으로 30억 명에 가까운 사람들이 예수를 믿고 있다. 우리교회도 창립멤버 한 명도 없이 용감하게 우리 부부끼리 시작하여 지금껏 앞만 보고 달려왔지만 교회성장이 기대에는 턱없이 미치지 못한다. 그러나 후반기 사역에는 뒤 끝발이 있으리라 확실히 믿는다. 주님도 부활 후에 더 빛이 났으니까 말이다.

그러나 주님 인도하심에 따를 뿐이다. 커지면 커지는 대로 이대로 라면 이대로 순종할 따름이지만 피는 끓고 가슴은 뛰고 있다. 어느덧 나도 흰 머리도 나고 빠지기도 했지만 불타는 가슴은 여전하다. 33년을 지내 오면서 산전수전 공중전 지하전 다 겪었지만 한결같이 시험거리가 있으나, 맘 상할 일이 있으나 여전히 그 자리에 있는 성도들로 인하여 매우 행복하다. 제2기 사역에는 주님이 더 큰 날개를 달아 주시리라 믿는다.

담임목사 황 화 진

결산, 강은교회 33년

　우리 교회는 황화진 전도사에 의해 1983년 12월 3일 수원시 정자동에서 시작되었다. 창립멤버 한 명도 없이 설립하여 어려움도 많았지만 슬기롭게 믿음으로 잘 극복하였다. 현재 우리 교회는 어린이 포함하여 1백여 명의 성도들로 구성되었으며 주일학교, 중고등부, 새힘청소년부, 남전도회, 여전도회, 실버회, 시온성가대, 강은찬양단 등의 기관이 있다. 30여 명의 제직과 박성자 명예전도사, 김현심 교육전도사, 안성훈 음악전도사가 사역하고 있다.

　필리핀에 김용훈 선교사를 행정 파송했으며 그 외 캄보디아 신태순, 권혜진 선교사를 후원하고 있고 중국 향산신학교, 서아프리카 기니, 터키, 인도, 러시아, 멕시코 등 해외선교에도 열정을 쏟고 있다.

　건물의 변화로는 정자동 때는 임대 건물이었고 이목동에 땅을 사고는 판넬 건물, 그 다음은 보온덮개 하우스 건물, 그 다음은 블록 슬레이트 건물을 지었었고 그리고 탑동 조립식 건물을 매입하여 7년 사용 후 철근골조로 정식 건축을 하여 오늘에 이르렀다.

　교회는 점차 선교의 지경을 넓혀 가고 있다. 정자동에서는 강은어린이선교원을, 이목동에서는 효원중·고등청소년학교를 그리고 탑동에서는 강은어린이집 강은미술학원 강은음악원 등을 운영하였으나 금년까지 모두 폐원하여 새로운 진로를 모색하고 있다. 그리고 강화 교동도에는 다니엘수련원을 운영하고 있다.

　문서선교로는 담임목사께서 년 50회 이상 각종 신문에 프리랜서 기자로 기고하고 있으며 수원문학상, 문학저널 신인상, 크리스챤신문사 신인문예상 등을 수상했고 '나는 포도가 좋다' 외 10여 권의 저서를 집필하였으며, 교단 기관지 논설위원으로, 교단사편찬위원으로 섬기며 그리고 한국문인협회, 한국수필가협회 회원으로 활동하고 있다.

　황 목사께서는 음악선교에도 기여하였는데 청년시절 미스바예술선교단이라는 선교단체를 창설하여 이끌었으며 고등학교 때 이미 찬양 20여곡을 작사 작곡하여 CCM 가수가 앨범을 냈고 코리안심포니오케스트라에서 연주곡으로 앨범을 내기도 했다.

　교단활동으로는 40대 초반에 대한예수교장로회 중부노회장에 당선되어 3선을 역임했으며 그 후 교육부장을 거쳐 지금은 고시부장으로 섬기고 있다. 더러 외부교회 출강을 하며 드물게 부흥회를 인도하기도 하였다.

군 선교에도 이바지하여 육군 여러 보병 사단에 신병 진중세례식을 지원했으며 전방초소 강연, 예비군 훈련 시 강연 등으로 섬긴 바 있고, 캄보디아 국방부 장군·장교 10여 명이 우리 교회를 세 차례 방문하기도 하였다.

교육선교에도 많은 관심을 가져 황세진 목사와 힘을 합쳐 정규 중고등학교 인가까지 받았으나 건축에 실패하여 답보상태에 있고 일단은 해외 신학교 강의 사역을 하며 국내 대학에서도 더러 특강으로 섬겼다.

2007년 수원서부경찰서가 개서하면서 경목활동을 좀 깊이 관여하게 되었다. 초기에는 경찰서 기독신우회를 수년간 혼자 지도했고 그 후로는 여러 목사님들을 동참시켜 동역을 하고 있다. 서부경찰서 경목실장과 경목위원회 위원장의 임기도 잘 마쳐 경찰청장상 지방경찰청장상 경찰서장상 등 다수의 상을 수상했다. 지금은 평 회원 경목으로 매주 경찰서 사역을 하며 박성자 사모께서도 수년전부터 반주자로 이 사역에 동참하고 있다. 그리고 퇴직경찰관들을 중심으로 조직된 한국기독경찰동문회 총재로 모임을 지도하고 있다.

방송에는 세 번 출연했었는데 극동방송 간증 프로에 출연했었고 그리고 CBS에는 청소년 교육 문제를 다룬 대담프로와 또 한 번은 목회자들의 아내 즉 사모에 관련한 주제로 토론 할 때 패널로 출연한 바 있다.

이제 우리 교회는 33년을 1기 사역으로 정리하고 34년부터는 제2기 사역으로 나아가고자 한다. 그 첫 번째 미션은 우선 주차장을 갖춘 성전봉헌의 기도제목을 공유하고 이를 위하여 힘을 모으는 것이다. 그리고 보다 더 안정적인 교회 운영을 꾀하고 있으며 선교의 지경을 더욱 확장하여 하나님 나라 건설에 귀히 쓰임 받는 교회가 되기를 소망한다.

33년을 한결같이 섬겨주신 교우들께 진심으로 감사드린다. 할렐루야!

담임목사 황 화 진

축사

"사진으로 보는
강은교회 33년사" 출판을
축하하면서....

    강은교회 황화진 목사님과 온 성도들에게 교회설립 33주년을 맞이해 귀한 "사진으로 보는 강은교회 33년사"를 출판하게 된 것을 축하드립니다.

    교회설립 33주년을 맞이하면서, 황화진 목사님과 성도님들의 그 동안의 기도와 헌신의 시간들을 사진으로 뒤돌아보며 하나님의 도우심의 손길에 감사하는 결정체로 하나님께 영광 돌림을 축하드립니다. 한 교회를 든든하게 세우는 것은 사람의 힘으로 되는 것이 아니며 우리 주님의 보혈의 산물이며 성령의 역사라고 믿습니다.

    은혜와 평강이 넘치는 교회, 교회의 각 기관, 군부대 및 경찰서 사역, 해외선교 및 교육사역, 문서선교 및 찬양사역 그리고 기타 사진들, 교단관련 사역, 사방 각지에서 날아온 축하 메시지 등으로 꾸며진 귀한 책은 단지 33년이라는 세월의 기록을 위한 것만이 아니라, 강은교회의 방향과 성장에 관련된 의미 있는 과거 사실들에 대한 인식이라고 할 수 있습니다.

    한 세대가 30년이라고 합니다. 강은교회의 한 세대 사역을 마무리 짓고, 새로운 세대 사역의 방향을 모색하기 위해 33년을 뒤돌아볼 수 있는 귀한 책이길 바라며, 이 책이 교단의 안과 밖에서도 다른 교회들에게 꿈을 줄 수 있는 모델의 책이길 기대합니다.

    특별히 황화진 목사님은 우리 안양대학교의 보물 같은 분이십니다. 황화진 목사님은 성실과 노력의 대명사이고, 목회자로서 뿐만 아니라 교육자로, 문인으로, 음악가로, 지역사회 봉사자로, 대내외 복음 전도자로서 많은 역할을 감당하는 실력 있는 목회자이십니다.

    이 귀한 책이 새로운 세대 사역의 도전에 성장의 디딤돌과 도약의 계기가 돼서, 강은교회가 과거나 현재를 뛰어넘어 하나님의 복음과 나라를 확장하는 은혜와 평강이 늘 넘치길 기도하며 축하합니다.

이 은 규 박사(안양대학교 명예교수, 전 총장)

축사

　하나님께서 성실하고 헌신적이며 주님과 성도를 사랑하는 주의 사역자들을 통하여 대사를 이루시는 것들을 보며 하나님께 감사와 영광을 돌립니다.

　황화진 목사님께서 1983년 12월에 피와 땀과 눈물과 물질적 헌신으로 많은 역경을 이겨가며 강은교회를 개척하시어 오늘의 중견교회로 성장시키신 것을 진심으로 치하드리며 축하드립니다.

　'진실과 성실 그리고 최선'을 3대 목회철학으로 삼고 섬겨 오신 목사님의 노력과 헌신과 눈물의 결과가 오늘의 강은교회를 낳은 것으로 생각됩니다.

　이러한 목사님의 목회철학과 헌신과 사랑이 오늘날 많은 목회자들에게 귀감이 될 것으로 확신합니다. 앞으로도 성령 하나님의 도우심으로 교회가 더욱 부흥하기를 기도드리며 계획하시는 제 2의 목회에서도 커다란 성과를 올리시기를 축복하고 기도드립니다.

최 재 선 목사(중앙대학교 명예교수, 경제학 박사)

축사

뼛속까지 대신인 황화진 목사!
"2만8천 동네에 우물을 파라"는 김치선 박사의 유훈을 뼛속에 새기고
사모님과 더불어 1목사 1성도로 시작한 강은교회!
파란만장한 33년의 역사를 이 한권에 어찌 다 담을 수 있으리요마는
사진 한장 한장 속에 담겨진 눈물겨운 사연들…
저 하늘에는 고스란히 그리고 아주 상세히 기록되어 있으리라!
 33년 역사를 뒤로하고 새로운 33년을 향하여 새 출발 하는 강은교회여!
일어나라 빛을 발하라!
너희는 가서 모든 민족으로 제자를 삼으라 하신 주님의 지상명령을
다시 한 번 가슴깊이 새기고 날아오르자!
저 푸른 창공을 나는 독수리처럼!
"오직 여호와를 앙망하는 자는 새 힘을 얻으리니
독수리의 날개 치며 올라감 같을 것이요 달음박질 하여도
곤비치 아니 하겠고 걸어가도 피곤치 아니하리라"이사야 40장 31절

우 상 배 목사(멕시코 선교사)

축사

오늘의 역사 앞에 뒤에 올 역사를 기대하며

현) 도서출판사 인터웰 대표
현) 대한예수교장로회(대신) 화평교회 장로
〃 대한예수교장로회 장로교육원 부원장
〃 대한예수교장로회 전국장로회연합회 감사
〃 대한예수교장로회 동북부장로연합회 부회장
〃 대한예수교장로회 본부노회 장로 부의장
〃 한국교회신보사 광고국장
〃 국제약품공업주식회사 동우회 회장
〃 예성카렌다 상무이사

'역사'라는 말의 사전적 의미는 "과거에 일어난 사건이나 인물의 기록"이라고 할 수 있습니다. 그래서 역사의 중요한 의미는 단순히 과거를 살펴본다는 것이 아니라 살펴본 과거를 통하여 미래를 예단(豫斷)하고 발전적인 방향을 설정할 수 있다는 것입니다. 그러기에 역사를 허위로 꾸미거나 과장하거나 미화하거나 축소해서는 안되는 것입니다. 교회의 역사는 물론 하나님의 특별하신 섭리가 있기에 조금 다르다고 할 수는 있지만 역사라는 개념으로 생각한다면 같은 맥락으로 생각해 보아야 합니다.

개 교회의 역사를 보면 정말로 순교자적인 역사입니다. 교회의 역사를 들어보면서 눈물을 흘리지 않을 수 없습니다. 처절, 설움 등의 단어들과 같이 걸어온 길이기에 그렇습니다. 그러나 그러한 단어들은 우리 주님이 영광, 존귀라는 단어로 바꾸어 선물하실 것을 생각하면 그리고 그러한 역사들을 주님께 영광으로 돌릴 수 있다면 며 오늘을 이룩했다는 역사 앞에 뒤에 올 역사를 위해 참고 견디며 더 큰 역사를 만들어 갈 수 있는 것입니다.

오늘 강은교회가 바로 그런 교회입니다. 눈물과 피와 땀으로 하루하루를 주님의 교회를 세워나가는 역사의 길에 뿌려왔다는 것입니다. 처절함도 있었습니다. 슬픔도 있었습니다. 그러나 성도들의 그러한 것들을 주님께서는 영광으로 받으셨을 것입니다. 그리고 영광을 받으신 주님께서는 우리 강은교회를 주님의 더 큰 영광을 위하여 크게 사용하실 것을 확신합니다.

그 강은교회의 발자취가 바로 이 책에 기록이 되어 있습니다. 그 역사를 한 순간도 빼 놓지 말아야 함에도 불구하고 보관의 어려움이나 현장기록의 실패로 인해 이 책에 수록되지 않은 아쉬움이 있지만 제가 가까이에서 본 목사님과 성도들과 교회 전반의 자취를 알기에 이 강은교회의 역사적 산물인 이 책을 추천하고자 합니다. 황화진 목사님 그리고 강은교회 성도님들! 수고 많으셨습니다. 그리고 아름다운 역사를 이루어 오신 것을 축하드립니다.

지나온 강은교회의 역사를 되돌아 살펴보면서 다른 모든 교회도 새로운 더 큰 역사를 세워 가는데 귀한 가이드 라인이 되리라고 확신합니다.

이 경 희 장로

개척 전 시대
(1983 이전)

개척 전 시대(1983 이전)

▲ 내가 태어난 곳은 강화 교동도이다. 그곳은 사면이 바다로 둘러 싸여있고 북한이 불과 2km 바다 건너에 있는 최전방 민통선 지역이다. 남한 방송보다는 북한방송이 더 잘 들리던 시절 그 섬에 고등학교가 신설되어 교동종합고등학교 농업과 1회로 들어갔다. 재학 중에도 그렇고 졸업하고도 농촌에는 늘 일이 많았다. 교동에 있는 동안 고된 농촌 일이 약한 나의 체력으로는 감당하기가 버거웠고 그리고 또 하나는 하나님께서 나를 향한 섭리를 생각하니 그 섬에 있을 수가 없었다. 그래서 농고를 졸업하고 농촌지도직 공무원 임용 추천을 받았지만 고사하고 낯설고 물 설은 객지로 나왔다. 아브라함이 갈 바라를 알지 못하나 하나님의 명령에 순종하였듯이 나도 어쩌면 그런 심정이었으리라. 옛날 자료를 찾다가 당시 교복 입고 찍은 사진을 보니 그 때가 클로즈업 된다.

▲ 1970년대 말 기독음대(학장 김두완 박사) 작곡과에 입학하여 공부를 했으나 워낙 음악적 기초지식이 없다 보니 거의 따라가지 못했다. 그렇지만 교동 섬 안에서만 살다가 난생 처음 대학 출석수업을 통해 만나는 전국의 학우들의 놀라운 재능과 다양한 발표와 교제 속에서 촌사람이 새로운 세상을 처음 봤고 비전을 얻는 의미 있는 학교생활이었다. 졸업을 하고도 김 박사께서 사사를 해주겠다고 하셨지만 내가 시간을 내지 못했다. 저 사진 속 어딘가에 내가 있을 텐데 아무리 찾아봐도 없다. 그래도 흔적을 남기고 싶어 올린다. 그때 아마 서울신학대학교에서 등교수강을 했던 것으로 기억이 된다. 흑백사진을 보니 아련한 추억이다.

개척 전 시대(1983 이전)

▶ 신학교 다닐 때 안양 대광교회에서 중고등부 교사로 섬겼는데 그 때 함께 사역했던 교사들이다. 이 교회에서 신태순(현 캄보디아 선교사)을 처음 만났고 그 때는 중3 정도 되지 않았을까 싶다. 앞줄 필자 옆은 심 선생인데 당시는 안양여고 교사였고 지금은 교수 퇴임한 걸로 알고 있다.

◀ 대광교회 중고등부 아이들하고 어디 놀러 갔었던 것 같은데 정확히는 기억이 안 난다.

▲ 안양에 있을 때 『미스바예술선교단』이라는 단체를 내가 조직했다. 1백여 명의 중고등 학생들이 단원이었고 교사들이 몇 분 봉사해 주셨다. 음악부, 연극부, 문예부 등을 운영했다. 그 때 김원익 군(지금은 교수 퇴임)이 총무로 열렬히 섬겼다. 제1회 발표회를 안양대학교 강당에서 했다.

▲ 미스바예술선교단이 "푸름의 향연"이란 주제로 제1회 발표회를 가졌는데 사진은 흐리지만 내가 오프닝 말씀을 전하고 있다. 그 때 1천 여 관객이 모여 성황을 이루었다.

개척 전 시대(1983 이전)

▲ 신학교 동기들의 제주도 여행 때이다. 왼쪽부터 필자, 최진연 시인, 박충근 시인, 이태영 화백이다.

▲ 나의 신혼여행은 부산 태종대였다. 밤 바다를 배경으로 찍었는데 캄캄해서 사람만 보인다. 벌써 결혼한 지 33년이 되어 할아버지 할머니가 됐다. 손주가 초등학교 1학년이다.

▲ 신학교 때 『성조회』란 이름으로 모인 친구들이다. 김도경(앞줄 왼쪽)은 당시 육군 중위로 군복무 중 신학교를 다녔으며 지금은 미국에서 목회를 하고 있다. 전종명(앞줄 우측)은 연탄가스 마시고 일가족이 일시에 소천 했고 뒷줄 필자 옆은 최기용 목사 박의식 목사이다. 셋은 국내에서 나름대로 열심히 목회를 하고 있다.

정자동 시대
(1983–1985)

정자동 시대(1983-1985)

▲ 강은교회가 탄생한 첫 번째 건물이다. 정자동이었고 30평인데 4백만 원 보증금에 월 12만 원의 임대였지만 1983년 당시로서는 성도도 없던 시절이라 화폐가치가 작은 금액이 아니었다. 내부 한 쪽을 합판으로 막아 사택을 꾸몄고 당시 수도시설도 없고 겨울엔 춥고 여름엔 몹시 뜨거웠고 임대료 밀리지 않고 내느라 매월 전쟁 같이 지냈다. 그 때는 조물주보다 건물주가 더 높다는 조크가 통하던 시절이었다.

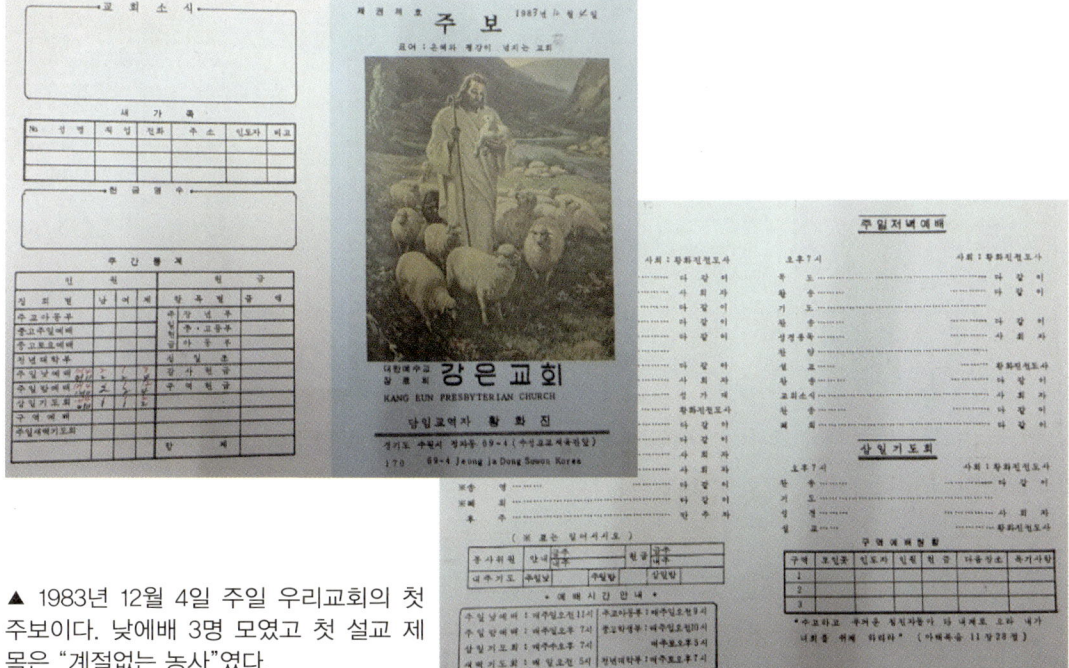

▲ 1983년 12월 4일 주일 우리교회의 첫 주보이다. 낮예배 3명 모였고 첫 설교 제목은 "계절없는 농사"였다.

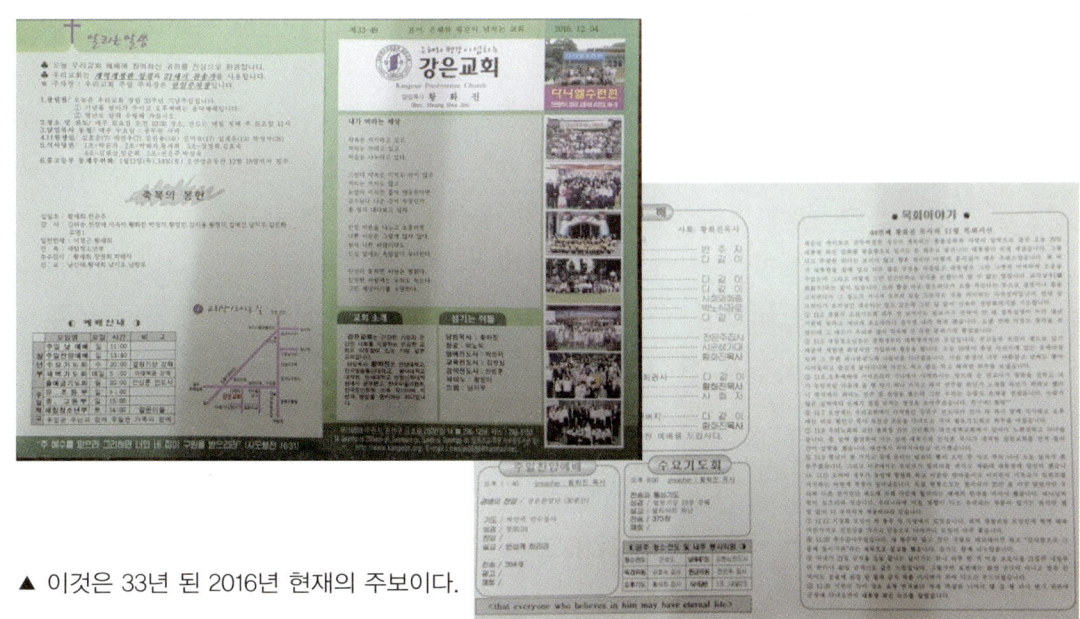

▲ 이것은 33년 된 2016년 현재의 주보이다.

정자동 시대(1983-1985) • 23

정자동 시대(1983-1985)

▲ 1984년 2월 17일 신학교 졸업식(좌측부터 둘째형 황세진, 큰형 황명진, 아내 박성자, 필자, 제자, 송재범 선생, 강영숙 집사)

▲ 강은어린이선교원을 교회 개척과 동시에 시작했다. 성도가 모이기보다는 어린이 모집이 더 용이한 면이 있었고 전도의 채널이 되지 않을까 하는 기대심리도 있었다. 당시 강혜영 선생이 어려운 여건 속에서도 여러 해 교사로 섬겨 주셨다. 초창기는 무료로 원을 운영하였고 따라서 교사 처우도 매우 열악하였다.

▲ 그 때 어린이선교원 주간 교육안이다.

정자동 시대(1983-1985)

▲ 어린이선교원 졸업식이다.

▲ 역시 강은어린이선교원인데 박순자 선생이 맡아서 운영 했던 시절 봄 소풍이다. 그래도 가정방문(심방)도 하고 예배도 드리며 복음을 전했다.

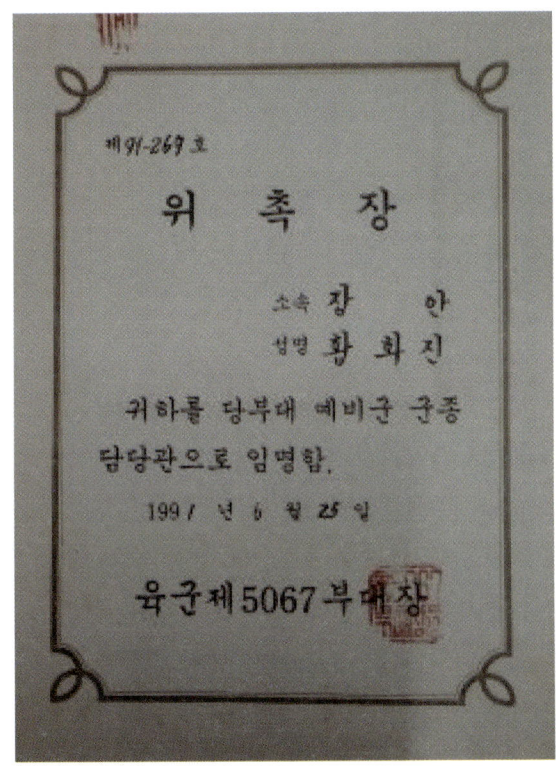
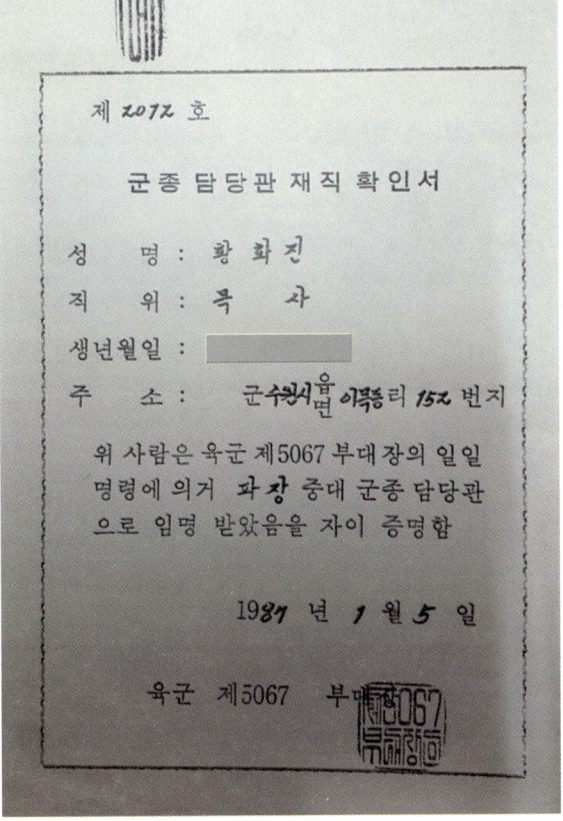

▲ 교회를 개척하고 얼마 안 됐을 때 나한테서 결핵이 재발하였고 생후 몇 달 안 된 정미에게까지 증상이 나타나 난감했었다. 그 소식을 수원시향군종위원회(군종담당관들의 조직)에서 접하여 성모병원이 연결됐고 수원성모병원(최종신 과장)은 완치될 때까지 1년 이상을 무료로 섬겨 주셨다. 그 때 주치의였던 내과 전문의(홍지희 박사)와 간호원들이 나를 VIP로 대우하며 완치 때까지 친절하게 치료해 준 일을 지금까지도 잊을 수 없다.

군종담당관은 예비군 나이에 해당하는 성직자(목사 승려 신부)들이 별도의 훈련을 받고 간혹 예비군 교육 때나 현역병사 정신교육 강사로 봉사하는 국가 제도인데 대부분 97%가 목사들이고 승려나 가톨릭 신부가 서너 사람 있는 정도였다. 그 때 땅굴 견학도 하고 가까운 군부대 초소를 방문하여 정신교육을 하고 예비군 훈련 때도 강사로 강연을 하는 섬김이었다.

결혼하기 전 신학교 다닐 때 결핵이 처음 발병하여 피 토하고 나서야 사태의 심각성을 알았지만 그래도 하나님의 은혜로 깨끗이 고침 받고 1980년데 초반에 극동방송에 출연하여 간증한 바 있다. 그리고 재발한 것이었다.

정자동 시대(1983-1985) • 27

정자동 시대(1983-1985)

▲ 1986년 9월 16일 목사안수를 받았다. 그 때 내 나이 서른 살. 지금 같으면 좀 이른 감이 있지만 그 때는 학부만 졸업해도 안수를 주던 시절이었다. 결핵 땜에 목사임직을 앞에 두고 죽는 줄 알고 노회에서는 안수식을 서두르기도 했고 모금을 하기도 했다. 그런데 멀쩡히 살아서 사역을 잘 감당하고 있으니 감사한 일이다. 우리 정미 또한 언제 아팠는지 건강하게 잘 커 대학에서 피아노를 전공하고 합창단 반주자로 일하여 자주 공연 무대에 선다.

이목동 시대
(1985–1994)

이목동 시대(1985-1994)

▲ 이목동 땅 50평을 대충 싸게 샀다. 약간 경사진 곳이라 시골 출신인 내가 삽으로 평탄 작업을 하고 공사판에서 쓰는 판넬을 사다가 남들 다 자는 밤에 인부 서너 사람 사서 저렇게 집을 지어 저 안에서 예배를 드리며 이목동 시대를 열었다. 그러다 나중에 저 상태에다 겉에 적벽돌을 쌓아 사택으로 꾸미고 교회는 그 옆에 보온덮개 하우스를 설치하여 한동안 예배당으로 사용했다. 그래도 저 땅이 종자돈이 되어 지금의 강은교회가 되었다.

▲ 이 사진은 원본을 분실하였다. 그래서 그 때의 모습을 구술하여 아무개가 대강 만든 그림이다. 원래는 보온덮개로 씌운 하우스였는데 작업이 불편하다 하여 그냥 검은 천 그대로 했다. 이와 비슷한 곳에서도 예배드리던 시절이 있었다는 것을 자료로 삼고자 한 것이고 이것은 실제 사진은 아니다.

▲▶ 지금 보면 이 건물이 참으로 볼품없지만 그 당시는 저렇게라도 내 건물을 짓는다는 것은 모든 목회자들이 염원하는 바였다. 물론 인부 사서 작업했지만 거의 내 손으로 짓다 시피 한 건물이다. 그래도 저 건물에서 많은 역사 이루고 시내로 나오게 됐다. 이목동 시대까지는 내가 교회를 돌보는 이런 저런 막일(노가다)을 직접 많이 하던 중 건강에 적신호가 와서 그 이후로는 거의 하지 않는다. 저 건물 뒤 쪽에 방을 만들어 청소년학교 아이들 기숙사로도 쓰며 야학을 운영했던 시절이다. 그리고 저 건물 다 지어 놓고 강단 쪽에 지하실 판다고 삽으로 땅굴처럼 파고 들어가 작은 다목적실 만들어 놓고 탈진하여 1년여 기간을 죽을 것처럼 고생을 하기도 했다.

이목동 시대(1985-1994)

▲ 교회창립 3주년 예배는 특별한 행사를 한 것은 아니고 자축하는 차원에서 기념일을 지켰다. 당시는 강단 글씨를 저렇게 다 손으로 만들어서 붙이던 시절이었다.

▲ 이목동에서 어린이여름성경학교 때이다. 저 아이들이 지금 커서 모두 서른 살 이상 됐다.

▲ 1987년 쯤 우리교회가 최초로 구입한 중고 승합차이다.

이목동 시대(1985-1994) • 33

이목동 시대(1985-1994)

◀ 연세대학교 연합신학대원 에큐메니칼 연구과정에서 공부할 때 동기생들과 엄청 추운 날 강원도에 여행을 갔었다.

▲ 연세대학교 연합신학대학원 시절 수업 시간 문상희 박사가 강의를 하고 있다.

▲ 미국 남가주신학대학원 마지막 학기 세미나 참석하려다 비자가 안 나와서 동남아와 유럽 그리고 성지순례를 하게 됐다. 첫 번째 간 나라가 홍콩이었다. 한 때 해적 소굴로 알려졌던 홍콩은 1842년 아편전쟁 결과 영국의 식민지가 되면서 급격한 발전을 했다. 국제 관광도시로 바다를 중심으로 한 관광 상품이 많다. 벤츠 등 고급차가 많고 2층 버스도 많았다.

▲ 마카오는 우리나라와 수교가 되지 않아 1일 비자로 들어갔었다. 우리나라 종로구 정도의 작은 면적과 인구는 50만 명 정도가 된다. 사진은 세계적인 도박장인데 국가의 허가를 받은 공식적인 도박장으로 세계에서 도박하러 사람들이 몰려온다. 세계 3대 도박장은 라스베가스, 모나코, 마카오라 했다. 잘 찍힌 것이 없고 이 사진 한 장이 보존됐다.

이목동 시대(1985-1994)

▲ 인도차이나 반도 중앙에 자리 잡은 태국은 불교 국이다. 6.25때 우리나라를 도와 준 나라인데 지금은 우리 경제에 많이 미치지 못한다. 국민 92%가 불교라 곳곳마다 절이 있다. 사진은 새벽사원이라는 불교 사원이다.

▲ 타이항공 스튜어디스들이 의외로 상냥하고 친절한 기내 서비스를 했다. 마침 같이 나오게 되어 기념으로 찍었다.

▲ 성지순례 중 비행기 안이다. 좌측 이현채 목사 우측은 이춘이 목사인데 내가 귀국 길에 장시간 비행으로 멀미나서 일행 먼저 보내고 홍콩에 남을 때 이춘이 목사가 통역과 보호자로 같이 하룻밤 보냈다. 멀미는 호텔가서 3시간 자니까 멀쩡했다.

▲ 스위스에 입국을 하니 가이드가 운전기사 한 사람을 데리고 나왔는데 그가 얼마나 우리를 유쾌하게 하는지 첫 인상부터 좋았고 그리고 그 나라 전체가 공원처럼 아름다웠다. 공해도 없고 향락산업도 없고 국민들은 근면 검소하고 그래서 세계에서 가장 잘 산다고 한다.

이목동 시대(1985-1994)

▲ 스위스는 국토의 70%가 산악지대로 남쪽 절반 이상은 알프스, 북서부는 쥐라 산맥이 차지하고 있다. 너무 아름다운 나라 알프스 산 정상에서이다. 마을에 있는 교회들도 얼마나 아름답게 지었는지 모두 그림이었다.

▲ 운전기사의 아름다운 요들송을 들으며 스위스에서 음악의 도시인 오스트리아로 입국했다. 스위스 못지않게 아름답고 깨끗한 느낌을 받았고 동네에 나가 아이들하고 복음 얘기도 하며 놀다가 찍은 사진이다.

▲ 이탈리아 미켈란젤로 광장에서 르네상스의 꽃을 피운 피렌체와 그 외 여기 저기 돌아봤다. 역사의 나라답게 고적의 도시로 수천 년 된 낡은 건물들이 많다. 금방 지었다가 어느새 또 헐고 다시 짓는 우리나라와는 많이 비교됐다.

이목동 시대(1985-1994)

▲ 역시 로마 거리는 어디를 가나 마치 박물관에 온 듯한 느낌이다. 거리에 소매치기가 많아서일까. 경찰관들이 거리에 많이 있다. 베드로 성당도 갔었고 성적 타락으로 멸망 받은 폼페이도 갔었고 휴양지로 유명한 소렌토에도 갔었고 기독교인들을 무참히 죽인 콜로세움 원형경기장도 갔었는데 사진이 없다. "모든 길은 로마로"라고 했던 만큼 일찍이 도로 건설이 잘 돼 나라가 빨리 발전할 수 있었다고 한다.

▲ 애굽(이집트)은 모세도 예수님도 관련이 있는 나라이다. 이 나라는 회교국이요 사회주의 국가이다. 고대 이집트 왕들의 무덤인 피라미드에도 가보고 스핑크스도 봤지만 사진 보존이 안됐다. 이 사진은 카이로 소네스타호텔 회의실에서 내가 주일예배를 인도하고 있다.

▲ 우리가 애굽에서 이스라엘로 가는 동안 우리를 에스코트하기 위해 경찰차가 앞뒤로 경호를 했다. 그러나 국경선에서 입국심사를 하는 직원들은 아주 친절하게 "샬롬"하고 인사를 하는데 반가웠다. 히브리어를 쓰고 화폐의 단위가 '세겔'을 쓰는 것도 신기했다. 입국심사를 마치고~

▲ 사해, 갈릴리, 감람산, 마가의 다락방, 쿰란 동굴, 통곡의 벽, 예루살렘도 가봤는데 사진은 별반 찾지를 못했다. 이 사진은 예루살렘 거리에서 만난 총을 든 여군들이다. 신학교 때 배운 히브리어를 좀 써먹어보려고 했는데 워낙 몰라서 몇 마디 하다 사진만 찍고 말았다. 이스라엘은 여자들도 남자들과 똑같이 병역의 의무가 있다.

이목동 시대(1985-1994)

▲ 1925년 개교한 히브리대학교는 알버트 아인슈타인이 주축이 된 이사회 조직으로 태동이 되었다. 기부 문화의 꽃으로 설립되었으며 세계적으로 꽤 유명한 명문대학이다. 도서관 강의실 캠퍼스 전체를 둘러보고 학생들하고 사진도 찍고 그랬지만 보관 된 건 별로 없다.

▲ 이스라엘을 가기 전까지는 요단강을 굉장히 큰 강으로 생각했는데 가서 보니 큰 하천 수준이었다. 그래도 의미 있는 강을 둘러보고 증명을 남겼다.

▲ 통곡의 벽이다. 이 곳은 고대 유대인들이 대단히 거룩하게 여긴 곳으로 AD 70년 로마인들에 의해 파괴된 예루살렘 제2성전 가운데 현존하는 유일한 유적지이다. 이 사건으로 예루살렘이 멸망하고 유대인들이 전 세계에 흩어져 살게 되었으므로, 터전을 잃은 유대인들이 유적으로 남은 이 벽에 모여 통곡을 하였다고 하여 '통곡의 벽'이라는 이름이 붙었다. 오늘날 이 벽은 이슬람의 바위사원과 알 아크사 모스크를 둘러싸는 더욱 큰 벽의 일부를 이루고 있기 때문에 유대인들과 아랍인들이 관할권을 놓고 오랫동안 투쟁해왔으나, 이스라엘이 1967년 옛 예루살렘 시를 점령하면서 이곳에 대한 관할권을 차지했다.

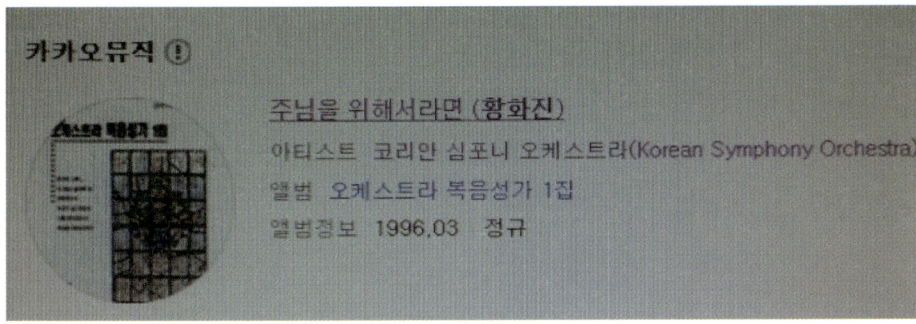

▲ 중학교를 졸업하고 기독교에 공식 입문하였을 때 하나님께서 나에게 작곡의 은사를 주셔서 "주님을 위해서라면"을 대표곡으로 몇 곡 썼는데 그것이 나도 모르는 사이에 상품화되어 앨범이 나왔다. 그렇지만 감사한 일이다.

이목동 시대(1985-1994)

▲ 이 노래를 비롯하여 내가 만든 노래가 대개 내가 고등학교 때 작곡한 것들이다.

이목동 시대(1985-1994)

▲ 난정감리교회는 나의 모교회이다. 여름 어느 날 교동에 갔을 때 정미하고 새벽기도에 갔더니 목사님과 세 분 장로님과 집사님 한 분이 환대하며 기념촬영을 했다.

▲ 송재범 선생은 내가 전도사 때 고등학생이었는데 그 후 서울대학교에 들어가서 학사 석사 박사학위를 받은 천재이다. 군 장교 시절 나를 찾아 이목동에 인사 왔다가 전역하고 중고등학교 선생하면서 우리교회를 출석했다. 참 신실하고 똑똑한 사람으로 우리교회에서 집사로 충성을 다했으나 서울에서 수원까지 다니기가 멀어서 가까운 교회에 나가도록 조치했다. 내가 첫 주례를 한 커플이기도 하다. 서울에서 장학사로 근무 중 남북한 교육회담 관련하여 북한도 여러차례 방문했고 지금은 고등학교 교장으로 재직 중이다.

▲ 여름방학을 기해 우리교회에서 궁평리 갔을 때 정미하고 찍었다. 그 때가 옛날이다.

이목동 시대(1985-1994)

▲ 당시 어린이여름성경학교는 어느 교회든 축제였다. 아이들이 새벽 오전 오후 시간을 교회에 와서 율동하고 노래 배우고 설교 말씀 듣고 성경공부 하고 성도들은 교사 식사대접 하고 그런 풍경이 참 좋았다. 지금은 대개 캠프에 보내고 있다. 사진에 보이는 이는 조원경 목사인데 연락 두절이다.

▲ 북한에서 특수훈련을 받고 청와대 습격을 목표로 침투했다가 생포된 김신조 씨가 예수 믿고 새 사람이 되어 우리교회에 간증집회를 왔었다. 북문에서 만나 같이 들어갔는데 007가방을 든 포스가 영락없는 무장공비였다.

▲ 이목동에서 교회 지하기도실을 삽으로 파고 1년여 기간을 탈진 상태로 힘들게 보냈다. 그 때 벌침을 과다하게 맞고 부작용으로 고생했고 또 누가 지압을 받으라고 해서 갔더니 활기도 요법인데 그 때 내가 무기력한 상태라 감당이 안 돼 또 병원에 실려 가기도 했었다. 사진은 회복하고 팔달산에 올라 간 모습이다.

이목동 시대(1985-1994)

이목동 시대(1985-1994)

◀ 유난히 꽃을 좋아하는 아내와 함께 진달래 동산에 올랐다. 꽃과 같이 예쁘게 나비 같이 춤추며 활기찬 삶을 소망한다.

▶ 한국방송통신대학교 기독학생회 지도목사로 섬기던 시절 이목동 우리교회에서 수련회가 있었다. 내 옆은 배 다니엘 교수인데 참으로 신실한 그리스도인이었다.

◀ 한국방송통신대학교 기독학생회 성경공부 모임을 매주 가지며 활발하게 활동했는데 내가 우리교회 건축 관계로 지도하기가 어려워 잠시 다른 목사님께 부탁을 했더니 그만 지속되지 못해 많이 아쉬웠다. 뒷줄 좌측에서 두 번째에 김효숙(당시 경영학과 재학)도 보인다.

▶ 우리 대신 교단 안에 강화목양회라는 모임이 있는데 거기서 필리핀 선교지 방문이 있었다. 정찬선 선교사가 시무하는 올롱가포교회에서 특송 중이다.

◀ 필리핀 정글지대에서 들짐승도 잡고 산과일도 따먹고 사는 원주민한테 대나무 밥을 사먹고 잠시 앉았다. 뒷줄 왼쪽에서 첫 번째에 케냐 송 목사도 보인다.

▶ 강화목양회 회원 중 김영실 장로는 안양대학교 총장이셨다. 사진은 안양대학교 총장실에서 우리 모임을 갖고 나오다가 기념촬영을 했다.

이목동 시대(1985-1994)

▲ 이목동에서 교회 창립 5주년 기념예배를 드렸다. 이 날 장석록 집사가 안수집사로 장립을 받았다. 그러나 지금은 시골로 귀향한 상태이다.

▲ 이스라엘에 갔을 때 모습이다.

▶ 이집트의 호텔에서 휴식 중이다.

◀ 정조대왕 능으로 우리교회가 야유회를 갔었다.

▶ 더벅머리 시절 교회에서 야유회 갔을 때 기타를 쳤다.

이목동 시대(1985-1994)

◀▼ 딸 정미가 어릴 때 노회 야유회에 따라갔었다. 지금은 장성하여 가정을 이루었다.

▲ 아내와 딸 정미 어릴 때이다.

이목동 시대(1985-1994)

▲ 우리교회 이목동 시절 남자들인데 공교롭게도 이들은 지금 모두 우리교회에 없다. 장석록 집사는 고향으로 갔고 변희봉 집사는 사망했고 손판근 집사는 외지에 나가 있다.

▲ 이목동에서 교회 터를 넓히려고 '성전부지 확장의 해'라는 목표를 세우고 월요기도회를 시작했는데 하나님은 우리교회를 탑동으로 인도하셨다. 그 때 시작된 월요기도회가 지금까지 이어져 오고 있다.

탐동 시대
(1994–2016)

탑동 시대(1994-2016)

(1) 은혜와 평강이 넘치는 교회

▲ 기도 응답으로 1994년 말 탑동 소재 조립식 건물을 매입하여 교회를 이전하였다. 그 때 30여 명의 성도들이 한 사람도 낙오자 없이 모두 같이 이동했다. 여자 성도들은 오토바이를 타고 이목동에서 여기까지 오니 주민들이 "강은교회 교인들은 어디서 오기에 여자들이 오토바이를 타고 오느냐?"고 묻기도 하였다.

▲ 우리교회가 이목동에서 탑동으로 이사와 보니 가까이에 처가인 박노식 장로 댁이 살고 있었다. 교인들 중에 누가 하는 소리가 '우리는 이목동에서 목사님만 보고 여기까지 따라 왔는데 사모님네 식구들이 교회 옆에 살면서 딴 교회 나가시는 건 좀 그렇지 않느냐?'고 하는 소리가 드문드문 들렸다. 이에 박 장로님이 출석하시던 교회에 상담하여 이래 하게 되었다. 교회 개척 13년 동안은 친척 한 명도 없이 생 개척을 하다가 탑동으로 이전하면서 박노식 장로 댁이 합류하게 되어 취임예배를 드렸다.

탑동 시대(1994-2016)

▲ 주일학교 아이들을 데리고 제암리교회를 견학했다. 이 교회는 삼일운동 당시 성도들이 교회 종소리를 듣고 교회 왔는데 일제가 그들을 예배당 안에 가두고 불을 질러 23명이 그 자리에서 생명을 잃었다. 국가에서는 이를 사적 제299호로 지정하여 순국기념관 역사전시관 등을 운영하여 후세를 위한 교육의 장으로 활용하고 있다.

▲ 왜 찍었는지 모르겠지만 앞에 송영성 강도사(지금은 목사)가 보인다. 지금도 그렇지만 그때는 더 가족 같은 시절이었다.

▲ 어린이여름성경학교 때 세족식 장면이다. 윤미혜 집사가 수건 들고 수종 들고 있다. 예수님께서 제자들의 발을 씻기신 것에서 유래하여 교회에서 행하는 의식인데 요즘엔 일반 직장에서도 세족식을 하는 사례도 있다.

▲ 특별히 할 줄 아는 운동이 없는 나는 등산을 한다. 섬 출신이라 바다는 지겹고 산이 좋다. 산에서 뿜어져 나오는 피톤치드가 너무 좋다. 산을 걸으면서 기도하고 묵상하고 생각을 정리하는 시간으로 매우 유익하다. 왼쪽부터 박에스더, 이예진, 이강우이다.

탑동 시대(1994-2016)

◀ 조립식 건물을 철거하고 철근 골조로 정식 건축을 했다. 돈도 없이 예배당 짓는다고 마음고생 몸 고생 많이 했고 다 지어 놓고도 여러 가지로 흡족하지 못한 부분이 많았다.

▲ 탑동 성전 건축을 끝내고 입당예배 드렸다.

▲ 김창수 전도사(지금은 목사) 때 청년들과 함께

▲ 축도하는 모습이다.

탑동 시대(1994-2016)

▲ 설교하는 모습

◀ 우리교회 장의자 시절 교회당 건축 후 초기 예배 모습이다.

▶ 우리교회를 건축하고 얼마 안 됐을 때 찍은 사진이다. 교회 정문 앞 청년들은 왼쪽부터 장신애, 황정미, 손효규, 김지혜이다.

◀ 2002년 성도들의 모습이다. 왜 찍었는지 모르지만 아무튼 예배 후에 찍은 것 같다.

탑동 시대(1994-2016)

▲ 부흥회 전단지

▲ 우리교회 춘계 야유회가 비봉고등학교에서 있었다. 이 때 손효정 군이 이 학교 유도부에 재학하였다. 캠퍼스가 봄철 꽃으로 누벼 장관을 이룬 때였다.

▲ 우리교회 사람들이 평강식물원 견학을 갔었다. 앞에 앉은 꼬마들이 지금은 다 중학생 이상으로 컸다.

탑동 시대(1994-2016)

▲ 교회 창립 30주년 때 아이들이 뭘 발표하고 찍은 듯 하다.

▲ 장은자 집사 댁 심방을 했다.

▲ 강민구 전도사가 우리교회를 떠날 때 찍은 듯 하다.

▲ 4구역 특송이다. 우측 셋은 이런 저런 이유로 교회를 잠시 떠났고 박해자 집사만 자리를 지키고 있다. 박해자 집사님 홧팅^^

탑동 시대(1994-2016)

▲ 김효숙 집사 댁 심방을 하고 즐거운 시간을 보냈다.

▲ 세계성막복음센터에 다녀왔다. 저 복장은 시설에서 그 때를 재현하여 입혀 준 것이다.

▲ 교회 창립 30주년 때 오후예배 마치고 찍은 사진이다.

▲ 예수사관학교는 거대한 기독교 테마 공원으로 조성됐다. 시설을 견학하고 그 날 같이 갔던 성도들과 함께 야외에서 기념촬영을 했다.

탑동 시대(1994-2016)

▲ 역도 선수 장미란이 다니는 원주 세계로교회 주일낮예배에서 내가 축도를 했다.. 담임목사이신 변 목사는 군 장교 출신인데 좋은 의미로 괴짜 기질이 있다.

▲ 권사 임직자들을 축하해 주는 교회 여성 어르신들이시다.

▲ 전라도 문준경전도사순교기념관에 우리교회에서 대형버스를 대절하여 다녀왔다.

탑동 시대(1994-2016) • 73

탑동 시대(1994-2016)

▲ 어느 봄날 성도들과 함께 팔달산에 벚꽃놀이를 갔었다. 저 때는 조원근 집사(내 옆에 앉은 남자)가 우리교회 시온성가대 지휘하던 시절이었다. 조 집사는 오스트리아에서 성악을 전공한 오페라 가수이다.

▲ 우리교회 창립기념 주일에 이미영 지휘자의 딸들이 내가 작사 작곡한 "예수님 음성"과 "믿음으로 자란다"를 듀엣으로 프로답게 잘 불렀다.

예수님 음성

어린이찬양

이종환 작사
황화진 작곡

탑동 시대(1994-2016)

믿음으로 자란다

어린이찬양
황화진 작사, 작곡

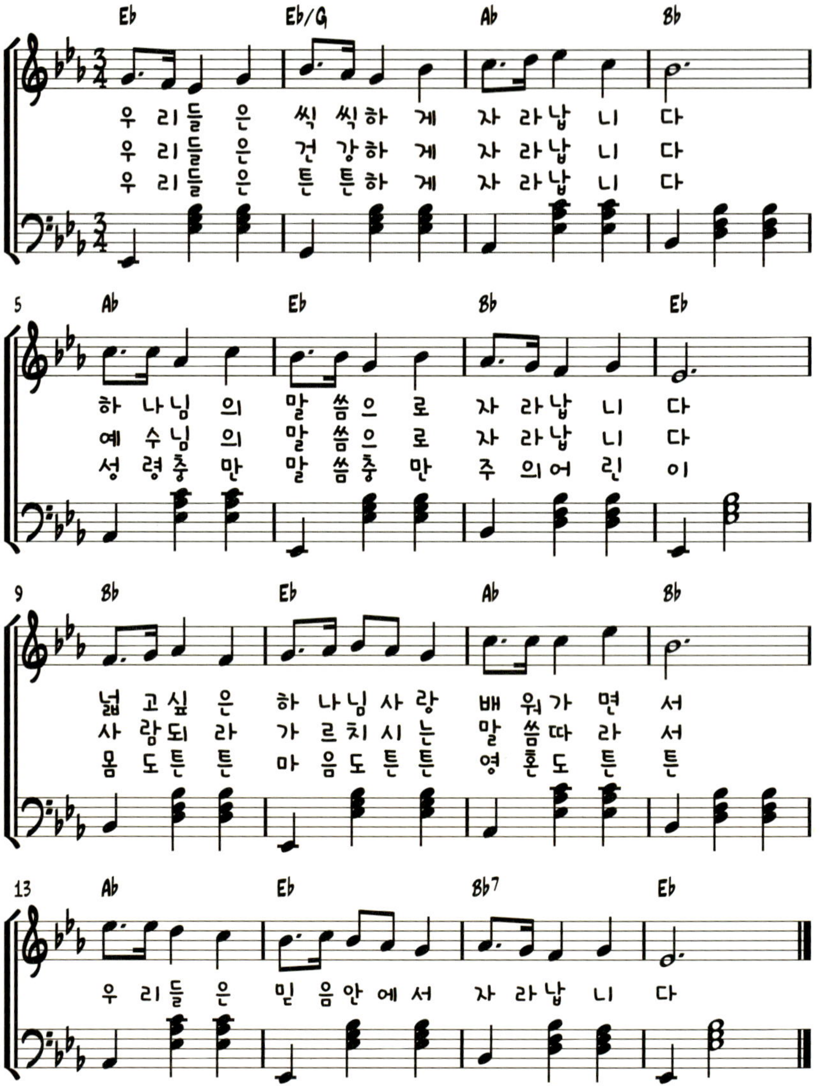

우리들은 씩씩하게 자라납니다
우리들은 건강하게 자라납니다
우리들은 튼튼하게 자라납니다

하나님의 말씀으로 자라납니다
예수님의 말씀으로 자라납니다
성령충만 말씀충만 주의어린이

넓고싶은 하나님사랑 배워가면서
사람되라 가르치시는 말씀따라서
몸도튼튼 마음도튼튼 영혼도튼튼

우리들은 믿음안에서 자라납니다

▶ 코스모스 축제에 갔다가 나오면서 좌측부터 박성자, 박순자, 김지혜, 필자

◀ 코스모스 축제에 가서 아내와 지우 그리고 나

탑동 시대(1994-2016)

▲ 가정의 달 5월에 경찰서에서 감사장 수여식 행사를 하는데 우리교회도 동참하였다. 모범이 되는 성도들을 선정하여 각자에게 맞는 내용을 적어서 경찰서로 보냈고 거기서 멋진 상장으로 만들어서 수여식을 거행했다.

▲ 여수에 조문 갔다가 이기임 권사와 함께

▲ 주택가에 묻혀 있는 우리 교회의 모습이다. 우리 교회가 건축하던 2000년도에는 이 동네에 집이 열 채 미만이었는데 그 후로 집이 빼곡히 들어왔고 게다가 도서관까지 들어오니 주차난에 교회는 새로운 돌파구를 찾지 않으면 안 되는 상황이 되었다.

탑동 시대(1994-2016)

(2) 교회의 각 기관

▲ 우리 주일학교 아이들의 모습이다. 이 때 교사는 황세희, 김현심, 김효숙, 김정옥, 윤미혜, 김경미 등이 봉사했다. 지금은 이 아이들이 다 커서 중고등학생 또는 대학생 이상 되었다.

▲ 주일학교 아이들의 성탄 발표회 장면이다. 이강우 어린이가 저렇게 손을 높이 들고 있었는데 어느 새 커서 지금은 군복무 중이고 김수정은 공군 여 부사관이고 란희 원희 에스더도 보인다.

▲ 우리교회 아이들이 서호공원에 놀러 나갔었다.

▲ 2002년도에 강은교회 축구부가 결성되었다.

▲ 축구부 창단예배를 드리고 멤버들이 한 자리에 모였다. 유니폼도 맞춰 입고 주일마다 오후에 구운중학교에서 경기를 하곤 했다.

탑동 시대(1994-2016)

▲ 정두옥 지휘자 시절 성가대원 모습이다. 정 지휘자는 원래 전공이 미술이다. 이화여대에서 서양화를 전공한 화가인데 음악에도 달란트가 있어서 노래도 잘하고 기타도 잘 치고 요들송도 잘 부르고 영어도 잘해서 나도 잠시 그에게 영어를 배운 바 있다.

▲ 2002년 청년들의 모습이다. 인원이 열댓 명쯤 되어 보이며 꽤 즐거운 모임이었던 것 같다.

▲ 젊은이들이 특송을 하고 있다. 좌로부터 이주경, 이종구, 강민구, 박진우, 김효숙, 윤미혜, 김고은 등이다.

▲ 김고은 간사가 우리교회에 정식으로 오기 전 처음 와서 강민구 전도사와 함께 아이들 데리고 수련회 갔었다. 앞에 예진이, 하은이 정민이가 아주 어린 때였다.

탑동 시대(1994-2016)

▲ 성탄절 때 청년들의 발표 모습이다.

▲ 여전도회(회장 장영희 권사, 총무 황세희 집사) 헌신예배를 드리던 날 한복들을 곱게 차려 입어 기념으로 인증샷에 웃음 짓는다. 그 날 강사는 백석대 외국어 교수이신 곽병순 목사였다.

▲ 실버회(회장 소평순 권사) 모임이다. 대개 권사들이 주축이 되어 조직 됐는데 이제는 남녀 어르신들 누구든지 희망하면 회원이 될 수 있다. 현재는 10여명이 모였고 우리 부부는 무자격이지만 끼워줘서 자리를 함께 했다.

▲ 주일학교 아이들이 해마다 줄고 있다. 한국교회는 지금 주일학교 없는 교회가 절반 가까이에 이른다니 대책이 필요하다. 우리교회도 예외는 아닌데 그래도 남은 아이들이 단합하여 야외로 나갔다. 아이들의 즐거운 표정에서 희망을 읽는다.

탑동 시대(1994-2016)

▲ 우리교회 남전도회(회장 박만귀 안수집사, 총무 남진태 안수집사) 회원들인데 굉장히 늠름해 보인다. 헌신예배 때 외대 교수이신 강영래 목사를 강사로 초청하였다. 강 목사 옆 사모님은 초등학교 교사이신데 아이들을 무척 좋아하여 교사를 천직으로 알고 즐겁게 근무하는 것이 인상적이었다.

▲ 주일학교 애들하고 성가대가 합작으로 뭘 준비하는 듯 하다.

▲ 우리교회 아이들이 날이 너무 더워서 수영장에 간 듯 하다.

▲ 우리교회 시온성가대원들이 회식을 했다.

탑동 시대(1994-2016)

▲ 안성훈 전도사가 이끄는 시온성가대원들이다.

▲ 행복한 여전도회 회식이다.

▲ 전 지휘자 이주경 자매이다. 매우 성실하고 믿음이 두터워 우리교회에서 7년간 사역하는 동안 성도들로부터 사랑을 많이 받았다.

▲ 창립기념주일 행사를 마치고 출연진들과 함께 했다. 좌측에서 첫 번째 남자가 안성훈 전도사이다. 음대 출신으로 우리교회 지휘자로 왔다가 신학을 하여 음악전도사로 임명 받았다.

▲ 주일학교의 성탄발표회 모습이다.

탑동 시대(1994-2016)

▲ 우리 아이들이 참가하는 킹스 캠프이다.

▲ 내가 공동회장으로 섬긴 한국무사례강단교류협의회에서 주최한 청소년문화캠프에 우리교회 아이들이 참가했다.

▲ 우리 강은어린이집(원장 박순자 집사) 봄소풍이다.

▶ 우리 어린이집 아이들이 어디 견학을 갔었는데 경인일보 기자가 와서 사진을 찍더니 신문에 났다. 저 아이들도 지금은 다 커서 대학생 이상 됐다.

탑동 시대(1994-2016)

▲ 나는 강은어린이집 법인대표로 되어 있어서 각종 교육이나 행정에 관여하게 되었다. 이 때는 어린이집 대표자 안전연수교육을 받고 기념촬영을 한 듯 하다.

▲ 우리 어린이집은 종종 경찰서에서 재롱잔치를 했다. 그 때 윤덕민 경위가 하모니카 연주로 큰 호응을 얻었다. 사복 근무자인데 내가 정복을 입으라고 했더니 순종했다. 그 옆은 당시 경목 사역 초기에 함께 일했던 이동운 목사이다.

▲ 우리 어린이집 포도밭 견학이다. 교사는 오세숙 선생이 보인다.

▲ 우리교회 부속기관으로 강화 교동도에 다니엘수련원을 세웠다. 도로 안내 표지판이다.

탑동 시대(1994-2016)

▲ 다니엘수련원 개원예배를 드렸다. 이 날 외지에서 100명이 넘는 많은 분들이 배를 타고 오셔서 축복을 해 주셨다.

▲ 다니엘수련원 개원식 때 강민구 전도사와 김진용 집사가 내가 작곡한 "주님을 위해서라면" 노래로 찬양을 드렸다.

▲ 다니엘수련원 개원식 때 서부경찰서 경찰관들이 야근하고 집에 가서 쉬어야 하는데 불원천리하고 달려와 특송을 하고 있다. 사복 차림으로 왼쪽부터 김영중, 장연호, 손세영, 윤덕민, 안성철, 김지영이다. 당시 이 경찰서장은 늦게 알았다며 나중에 화분을 보내왔다.

▲ 다니엘수련원을 건축하고 초창기에 25인승 버스 2대에 우리 성도들이 가서 야유회 행사를 가졌다. 지금은 도로포장이 됐다. 장기적으로는 하나님 나라 사역을 위해 다양한 프로젝트를 준비하고 있다.

탑동 시대(1994-2016)

▲ 다니엘수련원 후방에서 찍은 사진

▲ 다니엘수련원 전면

▲ 다니엘수련원에 전은주 집사가 포도나무를 기증하여 이 날 넷이서 가서 심고 셀카로 찍었다. 올 해 변변치는 못하지만 그래도 첫 수확을 하여 성찬식 때 쓰려고 포도주를 담갔다.

▲ 다니엘수련원 점심식사 풍경이다.

탑동 시대(1994-2016)

▲ 새힘청소년부 가을 나들이

(3) 군부대 및 경찰서 사역

▲ 육군 17사단에 우리 강화목양회 회원이신 박선원 목사가 군목 소령으로 근무할 때 우리 모임에 진중세례식 의뢰가 들어와서 여섯 분이 수고를 하였다.

▲ 군부대 세례식 후 당일 나한테 세례 받은 장병들만 따로 모여서 기념촬영을 했다. 군 선교는 황금어장이란 생각이 들었다.

탑동 시대(1994-2016)

▲ 세례문답 시간인데 민간인 교회에서는 가령 "예수를 구세주로 믿습니까?"라고 사회자가 물으면 "아멘" 또는 "네"로 대답하는데 군대에서는 "예. 그렇습니다."하고 소리를 지른다. 신병들이라 그 함성이 얼마나 큰지 건물을 파괴할 듯 하여 처음엔 깜짝 놀랐다.

▲ 우리노회에서 육군 보병 사단 진중 세례식을 거행하고 집례자들이 한 자리에 모였다. 좌측 두 사람은 CCM 가수 은종 부부이다.

▲ 내가 노회장 시절 사단 신병 세례식에서 설교하고 있다. 우리 노회 김형섭 목사가 육군 중령으로 근무하던 부대이다.

세례식 후 세례 받은 장병들한테 선물을 증정하고 절차를 따라 수례이다. 당시 몇 부대 신병 세례식을 지원했다.

▲ 역시 육군 보병 사단에서 신병 세례식 설교를 하고 있다. 그때 신병 세례식을 통해 군부대 선교를 많이 했다. 군에 입대하면 장병들이 기독교나 천주교나 불교를 선택하도록 권고를 많이 받으므로 정말 황금어장이다.

탑동 시대(1994-2016)

▲ 구장회 서장 재임 시 예배 마치고 외부 식사하고 들어오면서 찍었다.

▲ 경찰서 신우회원들이 윤덕민 신우회장 파주 집으로 야유회를 갔었다. 이 날 거하게 식사하고 족구하고 개울에서 고기 잡으며 좋은 하루를 보냈다.

▲ 하 과장 진급하고 전근 가기 전 밖에서 식사하고 들어오다가 촬영했다.

▲ 경찰서에서 조찬기도회를 인도하고 있다.

탑동 시대(1994-2016)

▲ 경찰서 사역 지금은 설교 중

▲ 경찰서 기독신우회 등산 전 일단 인증샷부터 찍었다.

▲ 경찰서 신우회에서 백운산 등산을 했다.

▲ 경찰서에서 예배 드리고 늘 구내식당에서 밥을 먹는데 이 날은 외식을 했다. 내가 끝에 앉아 안 보인다고 해서 일어섰다. 십자가 군병들이다.

탑동 시대(1994-2016)

▲ 경찰의 날 기념 음악회가 경찰서 강당에서 있었다. 중앙에 서 있는 이 서장은 기독교인이 아닌데도 조찬기도회를 귀하게 여겨 늘 정복 차림으로 참석했고 휴가 중에도 참석했고 직원들한테도 항상 참석을 독려한 분이셨다.

▲ 경기지방경찰청에서 열린 경기청장 취임감사예배에 참여하라는 전갈을 받고 갔었다.

▲ 경찰서에서 예배드린 후 구 서장과 함께 인증샷이다. 그 분은 재임 중 우리교회 예배에도 세 번이나 참석하셨다. 경목들이 시무하는 교회를 심방하듯 순회하면서 예배드린 것이 기억에 남는다.

▲ 서부경찰서 경목실장 임기를 하나님의 은혜로 잘 마쳤다. 임기 끝나니 경목실에 있던 명패를 주기에 교회 내 집무실에 갔다 놨다.

탑동 시대(1994-2016)

▲ 혜진이는 대학을 졸업하고 캄보디아 선교사로 나갔다. 간간히 한국에 들어오면 내가 서부경찰서 예배에 초청하여 설교를 시켜 그의 선교보고를 들으며 함께 은혜를 나눴다. 저 때 조 서장께서 따듯하게 환대해 줘서 감사했다.

▲ 경찰서 신우회에서 어디 야유회를 갔었다. 그날 비가 왔지만 행사를 강행했고 우리는 야유회도 업무의 연속으로 캠페인 현수막을 들고 있다.

▲ 경찰서에서 신우회 예배에 설교하고 있다. 약 5년 정도는 경찰신우회를 거의 내가 혼자 지도하다가 나중에 다른 경목들을 동참시켰다.

▲ 경찰서 로비에서 성탄 점등식을 하고 찍은 사진이다. 내가 조금 늦게 도착하여 겨우 저기 끼었다.

▲ 경찰서 신우회 설교 중

탑동 시대(1994-2016)

▲ 경찰서에서 오찬기도회 마치고 나오다 마당에서 찍었다. 앞줄 여인들은 큰바위교회 찬양단 일부이다.

▲ 내가 경목위원장 재임 시 수원 팔달경찰서 유치하는 문제를 놓고 당시 김용남 국회의원이 이 자리를 마련하여 심도 있는 논의를 했다.

▲ 경찰서에서 내가 설교하는 중이다. 주남석 목사 고명진 목사도 보인다.

▲ 이 서장 부임 후 첫 번째 오찬기도회였다.

탑동 시대(1994-2016)

▲ 제70주년 경찰의 날 행사였다. 이 날 나는 한 일도 없이 경찰청장 상을 받았다. 지방경찰청장상, 서장상 등등 경찰서 사역하면서 여러 번 상을 받았지만 나는 공무원이 아니라서 써먹을 데가 없다.

▲ 경찰청장상을 안 서장이 대신 전달하고 있다. 안 서장은 경목들을 극진히 접대한 기억이 있다.

▲ 경찰서 성탄절 점등식 안 서장 때이다.

▲ 경찰의 날 행사에서 경찰서 합창단 러브스챤콰이어가 신명나게 노래하여 박수갈채를 받았다. 나는 대원이 아닌데 같이 찍으라고 해서 함께 했다.

탑동 시대(1994-2016)

▲ 가을 단풍이 지던 어느 날 서부경찰서장 안 총경과 신우회원들이 경목회와 칠보산 연합 워크샵을 가졌다.

▲ 오랫동안 경찰 생활을 한 장연호 씨가 경감으로 명예 퇴임을 했다. 이 날 장 경감은 퇴임사를 얼마나 잘하는지 깜짝 놀랐다.

▲ 장 경감 퇴임식 때 신우회에서 특송을 하고 있다.

▲ 조 서장이 부임하여 취임예배를 드렸다.

탑동 시대(1994-2016)

▲ 경찰서에서 성탄 행사를 가졌다. 중앙에 있는 여성은 CCM 초대 가수이다.

▲ 권혜진 선교사가 한국에 들어와서 경찰서 예배에 설교하고 과학수사팀에 들러 손세영 주임하고 기념촬영을 했다.

▲ 성탄절 행사 마치고 김서장 때

▲ 안 서장이 부임하여 취임감사예배를 드렸다.

탑동 시대(1994-2016)

▲ 경찰서 성탄감사예배를 드리고 경목들과 경찰서 직원들이 함께 했다.

▲ 내가 경목위원장 시절 경찰서 협력단체장 간담회가 있었다.

▲ 퇴직 경찰관들의 모임이다. 이들이 한국기독경찰동문회라는 비영리법인 단체를 결성하여 내가 총재로 섬기고 있다. 좌로부터 박지우, 장연호, 황화진, 원덕희, 박재선, 임강호

▲ 서부경찰서 2016년 성탄 행사를 마치고

탑동 시대(1994-2016)

(4) 해외선교 및 교육사역

▲ 일본 사회복지 시설에서 어르신들 생일잔치 행사에 한 말씀 하는 장면이다.

▲ 평택대학교 대학원 동기생들과 함께 일본을 다녀왔다. 뒤에 배경 나무에 매달린 건 일본의 우상들이다. 경제대국에 걸맞지 않는 저 우상단지들을 제거했으면 좋겠다는 생각이 들었다.

▲ 일본 사회복지 시설이다. 아무리 사회복지 제도가 잘 되어 있어도 건강하게 내 집에서 노후를 보내는 것이 더 축복이란 생각이 들었다. 우리 교포 어르신들도 더러 계셨는데 한국에 데려다 달라는 분도 계셨고 '목포의 눈물', '아리랑', '돌아와요 부산항에' 이런 노래를 불러 달라고 해서 뜻하지 않게 일본 가서 유행가를 열창해야 했다. 내 옆에 서 있는 이는 당진에서 큰 감리교회를 담임하고 있는 진 목사로 대학원 동기이다.

▲ 일본에서 사회복지 시설 사역하고 퇴근길 아이쇼핑이다.

탑동 시대(1994-2016)

▲ 일본 나고야교회 주일낮예배에서 같이 갔던 목사님들과 특송을 했다. 이 교회는 한인들과 현지인들 합하여 1,500명 정도 나오는 꽤 큰 교회였다. 새벽기도에 나가서 크게 기도했다고 담임목사한테 불려가서 혼났다. 아주 조용한 교회였다.

▶ 러시아 블라디보스톡 최응규 목사 사역지에 갔었는데 현지인 제냐가 아주 성실히 우리를 섬겨 함께 즐거운 일정을 보냈다. 매우 신실한 그리스도의 종이라는 생각을 했다.

◀ 필리핀 단기선교 나갔을 때인데 강 목사가 촬영하고 있다. 그 때는 긴장하고 영어 설교 전문을 외우다시피하여 했더니 현지인들이 내가 영어를 잘하는 줄 알고 영어로 질문을 하는데 답변하느라 등에선 식은땀이 흘렀다. 지금은 찬양 시간인 듯~

▶ 1997년도 필리핀 단기선교 나갔을 때의 모습이다.

◀ 필리핀 단기 선교 시 마하라자호텔 숙소를 막 나온 모습

▶ 필리핀 단기사역 저녁집회 마치고

탑동 시대(1994-2016) • 123

탑동 시대(1994-2016)

▲ 피나투보 화산 폭발 지역 현지인들은 거의 맨발로 산다. 이들에게 복음을 전하고 선물을 나눠줬다. 현장에 도착하면서 찍은 사진이다.

▲ 필리핀 가든성서교회를 선교 방문하여 교회 앞에서 같이 갔던 일행들과 함께 했다. 한 동안은 필리핀 선교를 많이 나갔었는데 요새는 A국 선교에 치중하고 있다. 특공대 출신 이종석 목사와 그리고 허요한 박사도 보인다.

▶ 필리핀 가든성서교회 Canlas Alpha 선교사이다. Alpha는 김동훈 선교사가 필리핀에 정착하는데 결정적 역할 한 사람으로 다방면에 매우 훌륭한 인재이다. 촬영지는 마하라자호텔 야자수 앞이다.

◀ 필리핀 단기 선교 중 바기오에 올랐다. 연중 독서의 계절이라고 할 만큼 쾌적한 기온인데 습도가 좀 높다. 정찬모 목사와 김동훈 선교사이다. 조금 썰렁해서 김 선교사 남방을 빌려 입었다.

▶ 필리핀 김용훈 선교사의 어린이 사역지에서 내가 설교하고 윤애선 선교사가 통역을 하고 있다. 윤 선교사는 영어, 타갈로그어 등 어학에 탁월한 은사가 있다.

탑동 시대(1994-2016)

▲ 필리핀에서 어린이 집회 후 기념촬영을 했다.

▲ 혜진이가 대학교 4학년 때 A국 선교를 같이 갔었다. 숙소에 난방이 전혀 안 되던 시절 강추위가 온 한 겨울이라 너무나 힘들었지만 혜진이가 잘 참았고 뿐만 아니라 자기가 신으려고 가지고 온 수면양말을 족 냉증이 있는 나에게 줘서 잘 버틸 수 있었다. 그렇게 열악한 환경 속에서 공부하는 학생들을 보며 우리는 한 주간 임무수행 잘하고 귀국 길 공항에서 대기 중이다. 이때 말고 전에 고형섭 목사하고 여름에 강의 갔다가 방충망이 안 된 방에서 자는데 너무 더워서 창문을 열어 놓고 잤더니 모기가 얼마나 많은 지 한 잠도 자지를 못했다. 계속 모기를 쫓으며 엎치락뒤치락 하다 아침에 일어나 보니 온 몸이 부르텄는데 300방 정도가 물린 자국이 나서 학생들도 놀라움을 금치 못했다. 지카 바이러스도 모기를 통해서 전염이 된다는데 그 때 무사했던 것이 하나님의 은혜란 생각이다. 지금 같으면 사진을 찍어두었을 것인데 그 때는 그럴 형편이 아니었다. 하늘나라에는 촬영이 되어 있으리라는 생각이다.

▲ A국 신학생들과 야외학습으로 차 한 대 렌트하여 관광도 하고 교제도 하고 힐링하는 날이었다.

▲ 에이국에서 강의하고 하루는 공연 보러 학생들하고 나왔다.

탑동 시대(1994-2016)

▲ 무더운 여름 에이국 단기선교이다. 왼쪽부터 필자, 고형섭 교수, 이 대통령 여동생, 최정만 박사, 이경운 경교연구원장 등이다.

▲ B국에 강의 갔다가 학생들 하고 야외에 나왔다. 이때도 안양대 후배들 몇 명이 함께 갔었다. 한국에서 같이 갔던 멤버들은 정숙이, 지혜, 혜진이, 봄이 그리고 고형섭 교수와 필자였다. 즐거운 표정들이 보기 좋다.

◀ 안양대학교 후배들한테 특강을 했다. 그렇게 해서 만나 가깝게 지내는 아이들이 몇 있는데 그 중 한 사람이 권혜진 선교사이다.

▶ 이 때도 안양대학교에서 특강을 하고 찍은 사진이다. 기독교교육학과라서 그런지 전부 여학생들만 있고 남학생은 한 둘 있었는데 안 보인다.

◀ 안양대학교에서 특강 중

탑동 시대(1994-2016)

▲ 남인도신학대학교(총장 정운삼 선교사)에 정찬모 목사하고 강의하러 갔었다. 흑인 신학생들인데 기도 많이 하고 열정이 대단한 생도들이었다.

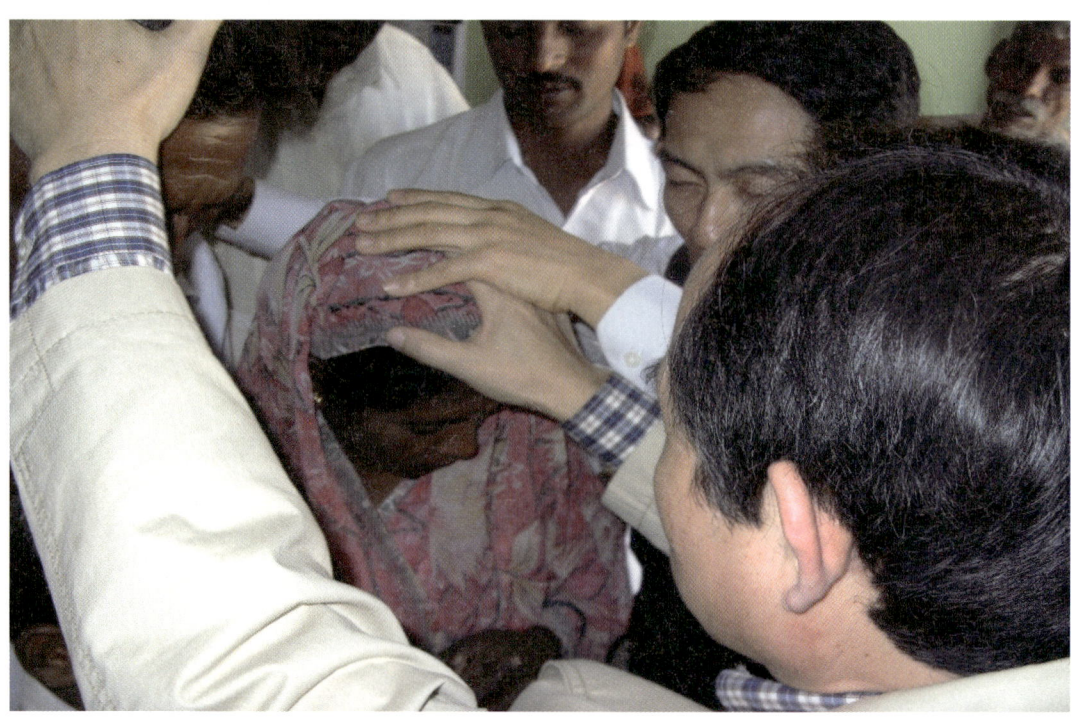

▲ 정찬모 목사하고 남인도에 가서 순회전도집회를 다녔다. 가는 곳마다 50여 명 이상 사람들이 모여 있는데 제법 마을 유지급들이고 어느 지역에선 장군 출신도 앉아 있었다. 예배 후에는 언제든지 환자들이 몰려온다. 안수기도 중이고 저렇게 해서 많이 치유가 된다고 했다.

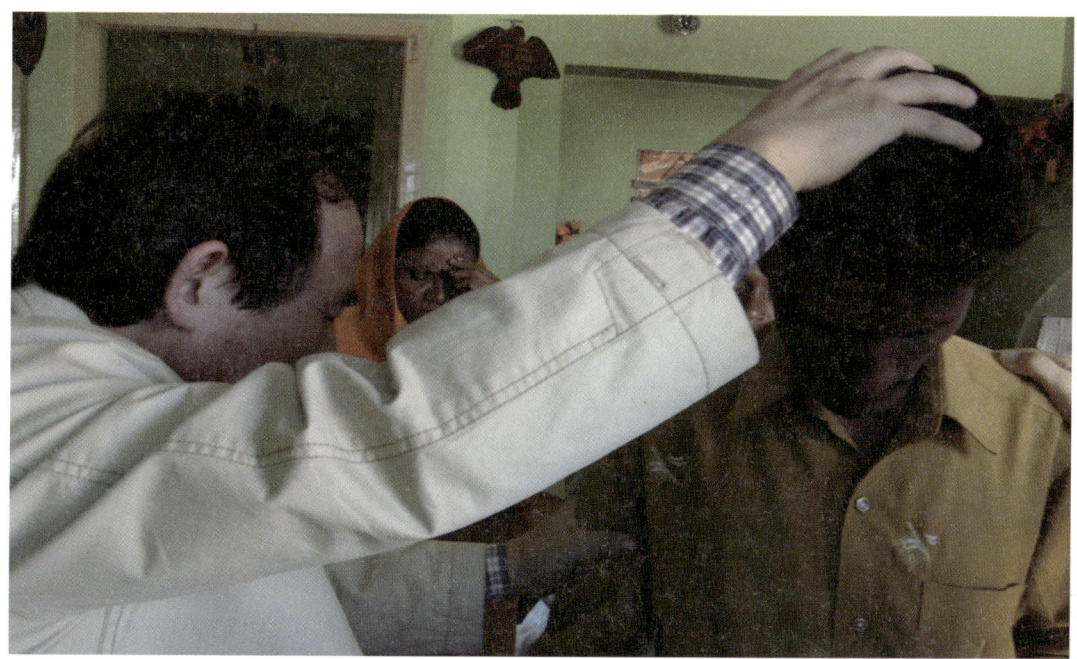

▲ 집회 후 신유기도를 하고 있다. 많은 환자들이 기도 받기를 원하여 통역 안수기도이다.

▲ 남인도 벵갈루루에 선교 나갔을 때 한 고아원에 들렀다. 신발을 신고 사는 아이는 없었지만 해맑은 눈동자에 우리를 반기는 아이들한테 뭘 해줘야 하나 고민이 됐다. 뒷줄 중앙에 있는 큰 녀석이 맞지도 않는 기타를 열심히 치며 아이들하고 노래로 우리에게 선을 보였다.

탑동 시대(1994-2016)

▲ 남인도 순회 전도집회 후 한 가정에 초청을 받았다. 그런데 손으로 밥을 먹는다. 우리는 불편하다고 해서 간신히 포크를 하나 얻었다. 음식이 맵고 손으로 먹는 것이 영 어색했다.

▲ 남인도에서 순회 전도집회를 다니던 중 목회자세미나에 강사로 초청받아 갔었다. 뒤에는 인도 목사님들 이시다.

▲ 효원중고등청소년학교 야학을 운영하다 양선중고등학교로 정식 인가를 경기도교육위원회로부터 받았 으나 건축에 실패하였다. 청소년 교육을 주제로 CBS 토론에 출연한 바 있다. 맨 우측 황세진 목사는 중· 고등학교는 검정고시로 패스하고 그 후 안양대, 방송대, 국민대학교 교육대학원을 졸업했다. 교육학 석사 학위와 중등교사 자격증을 취득하였다.

탑동 시대(1994-2016)

▲ 한국중고등학교는 황세진 목사의 노력으로 강원도 교육청으로부터 인가를 받았으나 제 날짜에 건축을 하지 못해 일시 취소 처분을 받았다. 여건을 갖추면 해지해 주기로 했다. 건축 관계자들과 현장을 보러 갔었다. 좌측부터 황혜재, 이종환, 필자, 건축관계자, 황세진, 황수희

▲ 평택대학교 대학원 동기생들이다. 목회하면서 조금 늦게 대학원에 들어갔는데 대부분 그런 목사님들이 많았고 교회를 다니지 않는 동기생들도 있었지만 워낙 목사들이 많다 보니 모든 행사를 다 기독교식으로 진행을 하는데도 잘 따라줬다.

▲ 방송대 졸업식이다. 저 대학은 들어가기는 쉽지만 졸업은 간단치 않다. 졸업하느라 무진 애를 썼다. 졸업을 하니 학위 하나 딴 거 말고도 범사에 자신감을 얻는 시너지 효과가 있었다. 원 없이 F학점을 맞았던 기억이 있다. 좌측은 둘째 형님 황세진 목사이다.

▲ 평택대학교 대학원에서 사회복지학 석사학위를 받았다.

탑동 시대(1994-2016)

▲ 내가 RTS에서 명예신학박사 학위를 받는데 고형섭 목사, 최시몬 목사 등이 내 공적사항, 학교 관련 증빙서류 등을 준비하느라 수고를 많이 했다.

▲ 고형섭 목사가 안양대학교에서 박사학위를 받았다. 좌측부터 황세진 목사, 고형섭 박사, 김승태 안양대학교 총장 그리고 필자

▲ 에이국 신학교에서 기독교 사회 복지학 강의 중이다.

▲ 에이국 신학교에서 강의 중이다.

탑동 시대(1994-2016)

▲ 에이국 신학교 강의 중이다.

▲ 집회 마치고 교회에서 기념촬영을 했다. 앞줄 왼쪽 첫 번째가 조선족 담임목사이시다. 이 교회는 국가의 허가를 받은 삼자교회이다.

▲ 삐국에서 강의 중이다.

탑동 시대(1994-2016)

▲ 중국 심양에서 박물관 견학을 했다. 최정만 박사, 이경운 박사, 고형섭 박사, 필자

▲ 중국에서 강의하고 수강생들과 함께 했다. 내 옆은 통역을 맡은 자매이다.

▶ 중국 청도에서 강의 중

▶ 중부노회에서 필리핀 김용훈 선교사 선교지 시찰이 있었다. 좌측부터 우리노회에서 평생 동지로 살아가는 최동범 목사, 박윤희 목사, 최준학 목사, 필자이다.

◀ 백부장이라고 부르는 사람이다. 내가 백부장이 근무하는 A국 신학교에서 강의를 처음 시작하여 수년 간 섬겼는데 최근에는 우리노회에서 인준한 향산신학교에 집중하느라 일단은 중단한 상태이다. 사진은 방과 후 식당에서의 모습인데 기념으로 흔적을 남긴다.

탑동 시대(1994-2016)

▲ 캄보디아 앙코르와트를 관광했다.

▲ 캄보디아 모세의 집 아이들하고 수요예배 마치고 찍은 듯 하다. 그 때 같이 갔던 우리 팀원은 박성자, 박성숙, 이강우, 한화철, 박성애 등이었다.

▲ 캄보디아 깜뽕츠낭연합감리교회 현지인 목사님과 기념촬영을 했다.

▲ 캄보디아 김태권 선교사 댁 거실에서 잠시 휴식 중이다.

탑동 시대(1994-2016)

▶ 캄보디아 북한 식당에서 북한 여종업원이 강우와 함께 하고 있다.

◀ 캄보디아에 갔을 때 북한이 운영하는 식당에 갔다. 그때 강우는 초등학생이었는데 나하고 친구처럼 잘 지냈다.

▶ 필리핀 박누가 선교사이다. 이 분은 현직 병원 원장이시면서 목사로 의료선교를 하고 있다. KBS 인간극장 5부작에 주인공으로 나온 인물이다. 저 분 사역에 동참하여 필리핀 빈민가의 처절한 삶을 살펴보고 그들에게 빵과 치유의 사역을 했다.

◀ 중학교 2학년 남지우 학생이 나한테 "목사님, 외국 선교 나가실 때 저 좀 데리고 가 주세요."그런다. 처음엔 농담인 줄 알았는데 진담이라서 급 추진되어 지우하고 외국 선교 여행을 떠났다. 난생 처음 해외여행을 목사님과 선교여행으로 떠나는 것을 기념하기 위해 김포공항 출국장에서 인증샷 중이다.

▶ 외국 선교 여행을 가는데 지우를 데리고 가는 것이 다소 짐이 되는 건 아닌가 하는 마음도 있었지만 그건 기우였다. 너무나 훌륭하게 자기 역할을 잘한 지우가 짐이 아니라 힘이 되어 자랑스러웠다. 사진은 이동 중 잠시 KFC에 들어갔을 때 직원이 찍어 준 것이다. 우리 교단 신문에도 나왔던 사진이다.

탑동 시대(1994-2016)

▲ (가칭)버지니아신학대학교 야유회

▲ (가칭)버지니아신학대학교 야유회

▲ (가칭)버지니아신학대학교 야유회

▲ 중국 이화원 투어 중 강남기, 황화진, 남지우, 황정민

탑동 시대(1994-2016)

▲ 중국 선교 태권도 시범단 황정민, 남지우

▲ (가칭)버지니아신학대학교 야유회

(5) 문서선교 및 찬양사역 그리고 기타 사진들

▲ 내가 글쓰기를 좋아했지만 어떻게 문단에 나가는 것인지 전혀 모를 때 우연히 공고를 보고 '촌지와 떡값'이라는 수필을 써서 응모했는데 신인문예상에 당선 되어 수원문학상을 수상했다. 상을 타 본 경험이 없는 나인지라 시상식 날 별 생각 없이 혼자 갔다가 집행부를 당황하게 했던 기억이 있다. 그 후로 중앙 문단으로 진출했고 교계에서는 크리스챤신문사에서 주최한 신인문예상에서 수필부문 우수상을 수상한 후 크리스챤시인협회 회원으로 허입을 받았다.

탑동 시대(1994-2016)

▲ 문학저널 잡지사에서 신인상 공모하여 응모하였다가 수필부문에 당선되어 시상식에 참여하였고 그 때 이후 심사를 거쳐 한국문인협회와 한국수필가협회 정회원이 됐다.

▲ 80년대 중반에 이 책을 출판하여 서울 엠마오 서적에서 총판하였는데 그 때는 컴퓨터가 일반화 되기 전이라 인터넷 검색이 안 된다.

▲ 어린이부터 장년부까지 쓸 수 있는 공과를 집필하여 출판한 바 있다.

▲ 내가 문단 데뷔 후 오마이뉴스 등에 기고를 했는데 인터넷에 뜬 나의 글을 보고 도서출판 에세이에서 출판 의뢰가 와서 낸 책이다. 교보문고나 영풍문고 등에서 한 동안 판매가 됐고 지금도 인터넷 검색이 가능하다.

▲ 이 책 역시도 에세이의 요청으로 출판되어 서점에 나가 있다.

탑동 시대(1994-2016)

▲ 이 책은 2016년 말에 출판되어 아직 서점에 유통되고 있다.

▲ 이 책은 내가 경목 사역을 활발히 하던 시절 경찰 공무원들의 글을 모아 간증문학 동인지로 출판하였다. 이 책은 서점에 내지 않았고 자체 소비했다.

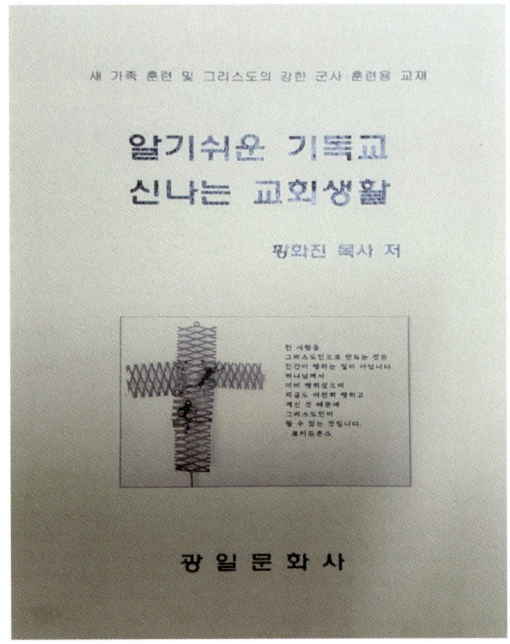

▲ 새 가족 훈련 교재로 만들었다.

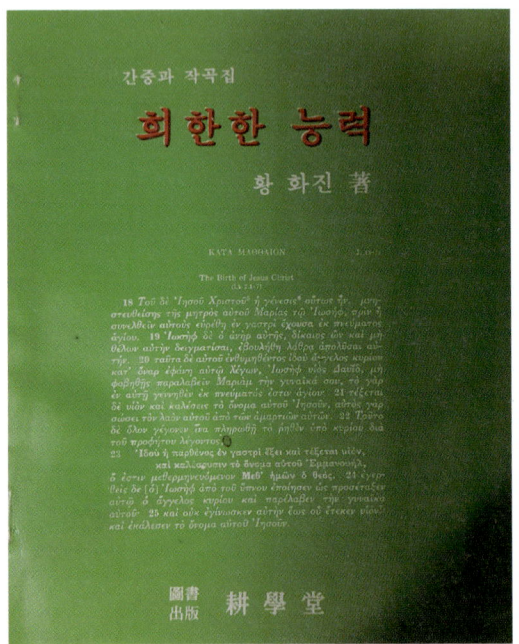

▲ 1981년도에 간증과 작곡집을 처녀작으로 도서출판 경학당에서 냈다.

▲ 우리 교단 안에 있는 대신문학회 행사 예배에 참여하여 축도를 하고 있다.

▲ 기타를 제대로 배웠으면 상당한 기타리스트가 되었을 텐데 돌팔이로 배워 어설프다.

탑동 시대(1994-2016)

▲ 고등학교 때는 자주 저러고 다녔는데 손 놓은 지 삼십 여 년 됐다. 그런데 우리교회 30주년 동영상 찍는다고 한 번 해보라고 해서 폼만 잡아 봤다. 누가 그런다. "자세 나오는데요." ㅋㅋ

▲ 외국 신학교에서 강의 도중 학생들의 강력한 요청에 의해 선생인 내가 노래를 하게 됐는데 혼자 하기 뭣하여 음대 출신인 저 학생을 나오라 해서 같이 불렀다. 원래 저 학생이 내가 음악에 소질이 있는 줄로 착각하고 먼저 선동하여 열화와 같은 요청이 터진 것이다. 같은 노래를 학생은 그 나라 말로 하고 나는 한국말로 동시통역 찬양을 했다. 저 학생은 피아노 전공인데 노래 실력도 수준급이다. 지금 카자흐스탄 선교사로 나가려고 대기 중이다.

▶ 질그릇교회 초청을 받아 강사로 가서 말씀을 전했다. 이 교회는 우리교회 출신인 김창수 목사가 담임을 하고 있다. 사모님이 미술가라 그런가? 십자가가 예술성이 있어 보인다.

탑동 시대(1994-2016)

▲ 추운 어느 겨울 날 대부도 쪽 어딘지 우리 성도 몇 명과 함께 바다 바람 쐬러 갔었다. 아내와 함께 한 사진이다.

▲ 평강식물원 갔을 때 정민이와 함께 했다. 지금 고등학교 2학년이다. 하나님이 선물로 주신 늦둥이다.

▲ 광명시 가학산 동굴 옆 등산로이다.

탑동 시대(1994-2016)

▲ 박노식 장로 은퇴식에 가족 찬양 모습이다. 지혜, 정민이, 예진이, 강우가 보인다.

▲ 아무개 성도가 주선하여 아내와 고양시 꽃박람회에 다녀왔다.

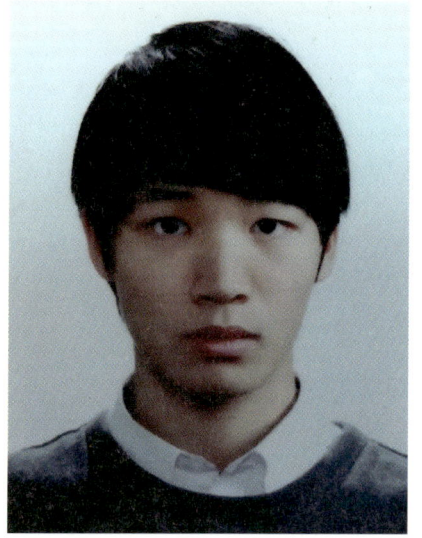

▶ 황정민 군이다. 현재 발안바이오과학고등학교 2학년이다.

▲ 성공회 강화읍 성당이다 설교단 앞에 쓰여진 한문은 "주의 말씀은 내 발의 등이요"란 뜻이다.

탑동 시대(1994-2016)

▲ 우리교회 강단이다.

◀ 대전 새벽교회 성가대 헌신예배에 강사로 초청을 받아 말씀을 전하고 있다.

▲ 불과 몇 년 전까지만 해도 교동에 가려면 배를 타고 다녔다. 최미희 전도사, 고형섭 목사가 동행했다. 강화 창후리 선착장 추억의 해상여객터미널이 되어 버렸다.

탑동 시대(1994-2016)

▲ 거제도 곽병순 목사 사역지 심방하러 한샤론 목사(전 호주 선교사)하고 갔었다.

▲ 심재근 목사 안수식이 구리에서 있었다.

▲▶ 지우는 나하고 외국 같이 다녀온 후 선교의 동지가 되어 장차 하나님 나라 사역을 위하여 어떤 역할을 해야 할지 함께 고민하며 기도하는 믿음의 용사가 됐다. 선교지에서 찍은 사역 사진은 사회주의 국가 보안상 게시할 수가 없다.

탑동 시대(1994-2016)

◀ 친구 화가 이태영 목사가 그려준 그림이다. 이 친구는 화가요 프로 바둑 기사이다. 지금 미국 시카고에 거주하며 그가 그린 그림 중에 "웃으시는 예수님"이 유명하다.

▶ 등산 가다가 청석골에 잠시 앉아 있는 사이에 찍힌 것인데 자연스럽다. 누가 저렇게 "인간 사랑"이라고 만들었다. '인간'은 나의 아호이다.

▲ 이태영 목사 작 "웃으시는 예수님"

▲ 노회에서 가을 정기노회 마치고 대둔산을 오른 적이 있다.

◀ 50대 모습이다.

◀▼ 60대 사진이다. 앞머리가 점점 빠진다.

◀ 40대 모습이다. 우리교회가 이목동에서 탑동으로 이전하고 얼마 안 된 즈음에 김지식 집사가 찍었다.

탑동 시대(1994-2016) • 165

탑동 시대(1994-2016)

◀ 이웃교회가 예배당을 짓고 입당예배를 드리는데 장로 임직식을 겸하여 했다. 나보고 축사를 해 달라기에 가서 한 말씀 전하고 있다.

▲ 아내 박성자의 대학교 졸업식 딸 정미와 함께

◀ 아내 박성자는 중·고등학교를 검정고시로 패스하고 39세에 수능 보고 대학에 들어갔다. 만학도로 루터대학교 신학과를 나왔고 나중에 서울신학대학교와 한세대학교에서 학점은행제로 음악학사를 그리고 대한신학대학원대학교에서 사회복지학 석사학위를 받았다. 하나님의 은혜로 대학원 등록금은 전 학년 100% 장학금으로 공부했다.

▲ 경교 관련 국제학술세미나에 참석했다.

▲ 우리교회 창립 33주년 기념 주일에 성가대 음악예배 후 모습이다.

탑동 시대(1994-2016)

▲ 2006년도에 수원시기독교총연합회 주최로 수원시 개척교회 목회자 100명 초청 간담회가 열렸는데 내가 강사로 섰다. 대형교회는 개척하는 이들한테 너무 막연한 얘기이고 우리교회 사이즈 정도면 도전을 줄 수 있겠다 싶어 나를 강사로 초청했다고 했다. 지금은 사례 발표 중

(6) 교단관련 사역

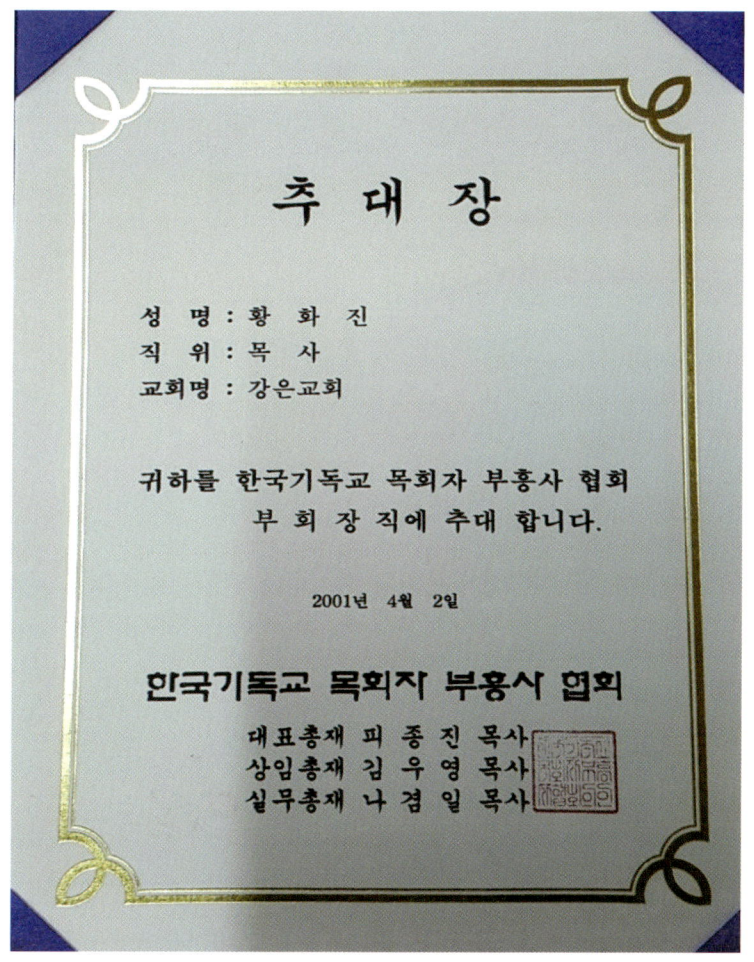

▲ 나를 부흥사로 말하기는 좀 그런데 위 단체에서 나한테 저런 추대장을 보내왔다. 목회 초반에는 찬양사역이나 헌신예배 강사 또는 부흥회 강사에 초청해 주면 좋아했는데 목회를 하면 할수록 내가 그럴 주제가 아니라는 생각에 거의 고사하고 우리 교회 목회에 전념하고 있다.

탑동 시대(1994-2016)

◀ 내가 40대 초반에 우리교단에서 최연소 노회장으로 당선되어 3회 연임했다. 그 때 과천에서 단합대회를 했다.

◀ 노회 단합대회 때 우리 중부노회 창설자이시고 교단 증경 총회장이신 최헌 목사와 함께 했다. 생전에 오랫동안 우리노회를 이끄신 분이시다.

◀ 중부노회 남전도회 연합회가 조직되어 우리교회에서 모임을 가졌다. 그 때는 교단 본부에서 적극 권고하여 모임이 결성됐는데 활성화되지 못했다.

▲ 중부노회 목사후보생 교육이다. 노회 행사가 우리 교회에서 자주 있었다. 그 때는 교육부장으로 목사후보생 교육을 총괄 지휘했고 지금은 고시부장으로 목사고시, 장로고시 등의 업무를 보고 있다.

▲ 중부노회 정기노회가 3군 사령부 안에 있는 선봉대교회에서 있었다. 김형섭 목사가 저 부대에 근무하여 내가 설교자로 초청받아 가보니 높은 분들이 많이 나와 앉아 계셨다.

탑동 시대(1994-2016)

▲ 우리교회에서 목사안수식이 있었다. 이 날 서정필도 목사로 임직을 받았다.

▲ 대전 새벽교회(최준학 목사 시무)에서 목사안수식을 집례하고 있다.

▲ 학교 동기들이다. 왼쪽부터 김병진 목사, 필자, 박창규 목사, 이태영 목사이다. 학교 때 꽤 친했는데 지금은 다 흩어져서 1년에 한 번이나 볼까말까 한다.

▲ 안양대학교 신학부 제35회 동창들이다. 교단이 분열되는 바람에 총회를 못해서 내가 본의 아니게 동창회장을 2년 동안 섬겼다. 동기들이 220여 명 되는데 지금은 많이 안 보인다.

탑동 시대(1994-2016)

▲ 예수사관학교에 동료 목회자들과 함께 다녀왔다.

▲ 아내의 사회복지학 석사학위 동문 모임이다. 나는 섬김이로 한 번 따라 갔다가 어차피 그 대학과 내가 관련이 있고 사회복지사 1급 자격증도 소지하고 있으니 함께 하자 하여 동참하고 있다.

▲ 우리 대신 교단이 분열 후 첫 총회가 열렸다. 대의원을 고사한지 10년도 넘었는데 총회가 비상시라 참석했다. 앞줄은 우리 노회원들이다.

▲ 교단이 분열된 후 우리교회에서 가을 정기노회가 열렸다. 타 노회에 비해 비교적 잔류자가 많은 편이었고 일부 회원이 이탈한 상태로 남은 자들끼리 기념사진을 찍었다.

탑동 시대(1994-2016)

▲ 군 동성애 및 성매매 합법화 반대 평화시위 및 기자회견을 우리 교단 총회장 이하 목회자들이 헌법재판소 정문에서 무척 추운 날 강행했다. 그런 노력으로 2016년 7월 28일 군대 내 동성 추행을 처벌하는 군형법은 합헌이라는 헌법재판소 판결을 이끌어냈다.

▲ 우리노회가 강원도 설악산 호텔에서 1박2일로 세미나를 가졌다.

▲ 제70회 가을 정기노회 후 기념촬영을 했다.

▲ 우리 교단 농어촌선교회(회장 오윤모 목사)에서 주관하는 기도회가 우리교회에서 있었다. 증경총회장 구주회 목사, 김명규 목사를 비롯한 교단 목회자들과 성도들 해서 37명이 참가하였다.

탑동 시대(1994-2016)

(7) 내방객과 함께

▲ 영화배우 조춘 씨가 간증집회 강사로 우리교회에 왔었다. 자기 별명이 '쌍라이트'라고 했고 그리고 나를 전도사로 착각했다고 죄송하다고 했던 기억이 있다.

▲ 우리교회와 자매결연을 맺은 필리핀 가든성서교회 자국인 선교사 다섯 명이 우리교회를 내방하여 인사말을 전하고 찬양을 드렸다. 강단에는 김동훈 선교사가 멤버들을 소개하고 있다.

▲ 육군 중령 김형섭 목사가 우리교회에 남전도회 헌신예배 강사로 왔었다. 남자들이 좀 씩씩하게 교회를 섬겼으면 하는 마음에서 군인 목사님을 초청했다. 우리노회 소속이고 우리는 그가 전근 다니는 부대마다 방문하여 그의 사역에 동참했고 전역식 때도 부대를 방문하여 축하해 주었다.

탑동 시대(1994-2016)

◀ 한국무사례강단교류협의회 주최 연합제직수련회가 우리교회에서 열렸다. 매우 추운 한 겨울인데도 원근 각처에서 많은 성도들이 모여 말씀에 은혜를 받았다.

◀ 연합제직수련회 강사단이다. 다들 실력 있고 목회도 잘하고 성실하고 열정이 대단하신 분들이다.

▶ 내가 신학교 다닐 때 안양 대광교회 중고등부 교사로 섬겼는데 사정이 생겨 인사도 못하고 떠나게 되었다. 그 후 30여년 만에 신태순(왼쪽에서 두 번째)이 나를 스승이라고 찾아왔다. 지금은 남편 김태권 목사와 함께 캄보디아 선교사로 재직 중이다.

▲ 캄보디아 국방부 한국방문단 환영기도회가 우리교회에서 있었다. 앞줄 필자 옆이 장군으로 인솔자이다. 앞줄 우측은 김태권 선교사 내외이다.

▲ 캄보디아 군인들과 박해자 집사, 이기임 권사 등이 함께 찍었다. 중앙은 캄보디아 여군 장교이다.

탑동 시대(1994-2016) • 181

탑동 시대(1994-2016)

▲ 캄보디아 군인들이 당일 우리나라 전통 한복을 입고 온 김현심 전도사와 그의 딸들과 기념촬영을 하고 있다.

▲ 캄보디아 군인들이 찬양을 드리고 있다. 이들은 캄보디아에서 한국어와 컴퓨터를 배우고 있다. 한국어가 서툴러서 보면서 하는 중이다.

▲ 캄보디아 장군·장교들인데 앞에 사복 입은 여성이 한국말로 인사말을 전하고 있다.

▲ 김용훈 목사는 우리교회 행정파송 필리핀 선교사이다. 부인 윤애선 선교사는 홍익대학교 대학원 출신인데 영어를 비롯한 외국어에 능통하여 늘 통역을 담당하고 있다. 자녀는 수지 태이 둘이다.

탑동 시대(1994-2016)

▲ 터키에서 사역하시는 이승열 선교사가 내방했었다. 그 분이 가끔 한국에 입국하면 우리교회를 찾아 함께 예배드리고 선교보고도 듣는다. 그는 터키 대사관에 직원으로 근무하며 민간 외교관 역할을 톡톡히 하는 분이시다.

▲ 서아프리카 기니에서 교회사역과 경찰특공대 무술지도하며 국위를 선양하고 복음을 전하는 앙드레손 선교사이다.

▲ 카자흐스탄에서 사역하다 추방당하여 기니로 옮긴 앙드레 손 선교사 내방 시 모습이다.

▲ 우리교회 창립 33주년 때 서 아프리카 기니 경찰특공대에서 축하영상을 보내왔다

탑동 시대(1994-2016)

▲ 북한군 여군 장교 출신인 이순실 씨가 우리교회에 안보강연 차 왔었다. 앞줄 왼쪽 첫 번째가 딸 정미이다.

▲ 이순실 씨(뒷줄 중앙 마이크 앞) 안보강연 때 같이 따라 온 탈북녀와 함께 기념촬영을 했다. 이순실 씨는 "이만갑"에 한동안 고정 출연 하는 등 지금 방송인으로도 활동을 하고 있다.

▲ 캄보디아 국방부 현역 국군 장군 장교들이 우리나라를 방문하여 우리교회를 사복차림으로 들렀다.

▲ 우리교회 창립 30주년 기념주일에 윤명중 목사가 함께 했다.

탑동 시대(1994-2016)

▲ 어느 창립 기념주일 왼쪽부터 아내 박성자, 선교사 권혜진, 필자, 지휘자 이미영이 함께 했다.

▲ MBC 개그우먼 출신 이현주 집사가 간증집회 강사로 왔었다. 우측은 장은자 집사

▲ 정미경 국회의원을 처음 만난 것은 경찰서 회식 때였다. 다른 정치인과 달리 진실성이 남 다르게 느껴져 꾸준히 친분을 유지하고 있고 사진은 우리교회 방문했을 때 식당에서의 인증샷이다.

탑동 시대(1994-2016)

▲ 정미경 집사(18대 19대 국회의원)가 우리교회에 간증집회도 오고 여러 번 다녀갔다.

▲ 탈북 1호 박사 이애란 집사 간증집회를 했다. 저 분은 남한에 와서 이화여대를 정식으로 다녀 박사까지 됐고 우리보다 훨씬 뚜렷한 국가관과 바른 가치관을 가치고 살아가는 이 시대의 여성리더로 비례대표 국회의원 제도를 계속 둔다면 내가 적극 추천하는 분이다.

▲ 멕시코에서 사역하시는 우상배 선교사(앞줄 왼쪽에서 두 번째) 방문 때 찍은 사진이다. 우 선교사는 고려대학교 정치외교학과를 나오고 육군 소령 출신인데 안양대학교는 나와 동기이다. 동기라도 나이는 나보다 한참 형님이시다. 그렇지만 선교사는 은퇴가 없다.

▲ 앞줄 왼쪽에서 첫 번째가 외국에서 온 제자 장 에스더이다. 남편은 외국에서 대학을 졸업하고 한국에서는 총신대 대학원을 마치고 지금 미국 유학 중이다. 한국에 와서 몇 년 있었다는데 연락이 안 돼 한국을 떠날 때 쯤 만나서 지금은 SNS로 교신하고 있다.

탑동 시대(1994-2016)

▲ 김용훈 선교사 내외가 우리교회를 방문했을 때 그 날 나온 성도들과 함께 찍었다.

▲ 박노식 장로가 만 70세가 되던 해에 시무장로에서 은퇴장로로 퇴임하는 예배를 드렸다. 노회에서는 박윤희 목사, 윤명중 목사가 참석했다.

▲ 권혜진 선교사는 캄보디아에서 선교하던 중 현지인 유수한 청년을 만나 금년에 결혼을 했다. 한국어도 잘하고 연세대학교 대학원에 재학 중이며 모델 출신이고 한국 TV에도 몇 번 나온 사람이다. 결혼 전 우리 교회에 인사 차 왔었다.

탑동 시대(1994-2016)

▲ 안수집사 권사 임직식을 했다. 김진용, 박만귀, 남진태가 안수집사로, 장영희, 임순희가 권사로 임직을 받았고 그 날 이무경 목사가 설교를 했고 최동범 목사가 축사를 했다.

▲ 안수집사 권사 임직식을 하고 오후에 찍었다.

▲ 내가 Reformed Theological Seminary에서 명예 신학박사 학위를 받았다.

경향 각지에서 날라 온 축하의 메시지(접수순)

강은교회 창립 33주년을 진심으로 축하합니다. 예수님이 33세를 사시고 인류의 죄를 대속하셨으나 부활하시고 영원무궁 살아계심과 같이 강은교회도 지금까지 수많은 고난 있었지만 이제는 주님 오시는 그날까지 함께 영원무궁토록 건재하심을 축원합니다. 창립멤버 하나 없이 사모님과 단 두 분이서 개척한 겨자씨에서 험난한 연단과 많은 시험을 견뎌 모두 다 이겨내어 시냇가에 심겨진 거목으로 자라나 안식의 성전으로 마음의 고향으로 시원한 그늘이 있는 쉼터로 괄목 성장하였습니다. 세세연연 더욱 하나님의 군병들이 오직 예수의 마음으로 지상천국 건설하시기를 축복합니다. **(박지우/ 한국기독경찰동문회 총무)**

강은교회의 교회약사를 보면서 이 시대에 복음의 열정 하나로 주님의 부르심의 사명을 따라 헌신하며 애쓰신 목사님의 모습이 보이는 것 같습니다. 33년을 한결같이 주님을 위해 살아간다는 것이 목사님의 후배 목회자로서 존경하는 마음에 머리가 절로 숙여지는 것 같습니다. 또한 목사님께서 목회적 사명뿐만 아니라 이 시대를 깨우고자 하시는 열정이 담겨 있음을 봅니다. 교회와 사회가 단절되지 않고 집필과 여러 기관의 사역에 직접 참여하여 보다 많은 이들에게 복음의 은혜를 전하고자 하신 목사님의 목회가 33년의 강은교회의 역사의 힘을 바탕으로 앞으로 더 힘 있고 능력 있게 하나님으로부터 쓰임 받을 줄 믿습니다. 강은교회의 앞으로의 역사가 더 기대됩니다. **(김진수/ 하늘소망교회 목사, 대한예수교장로회 중부노회 서기)**

하나님이 강은교회를 세우신 것은 죽은 영혼을 살리라고 세우신 것입니다. 강은교회에 가면 영혼이 살아납니다. 성령이 충만하고 은혜가 충만합니다. 말씀이 살아서 움직이고 기도와 찬송이 살아서 갈급한 영혼들이 찾아가면 영혼의 생수를 마시고, 영의 만나를 먹은 것 같이 생기가 있어지고 심령이 살아납니다. 강은교회에 가면 신앙생활 하는 것이 즐겁고 행복하며 하나님을 믿는 것이 축복이요, 행복입니다. 하나님을 믿는 것이 어린아이처럼 즐겁습니다. 또한 다른 사람에게 복음을 전하고 싶어지고 그리스도의 사랑을 나누어 주고 싶습니다. 강은교회를 통하여 하나님의 이름이 거룩히 여김을 받으시기를 원합니다. **(안병호/ 벧엘교회 목사, 안양대학교 겸임교수)**

오직 한길 복음을 향해 달려온 강은교회 33년 역사의 흔적은 예수의 흔적 그 자체입니다. 앞으로도 십자가의 능력이 강은교회 능력이 되길 기도합니다. 강은교회 33주년을 축복하며 축하드립니다. **(한샤론/ 목사, 전 호주 선교사)**

강은교회 33주년을 진심으로 축하드립니다. 저는 잠깐 수원서부경찰서 타격대에 근무했었지만 목사님 내외분을 뵈올 때마다 신실하시고 진솔한 모습에 늘 감동이었습니다. 더군다나 사모님과 단 두 분이 시작하신 목회사역이 어찌 순탄하기만 하였겠습니까. 피눈물 나는 기도와 억척같은 손길과 무엇보다 하나님의 은혜가 아니라면 설명할 수 없겠지요. 그래서 많은 개척교회의 모델이 되셨으니 감사할 따름입니다. 앞으로 후반기 사역에 하나님의 선하신 손길이 함께하셔서 주님의 뜻을 온전히 이루어 하나님의 자랑스러운 강은교회가 되길 기도드립니다. 목사님과 사모님 그리고 모든 강은교회 성도님들의 영육 간 강건함과 성령 충만함을 축원 드립니다. 언제 다시 수원서부경찰서로 발령 날 때가 있을 것인데 다시 뵈었으면 좋겠습니다. **(조재익/ 경기남부경찰청 경위, 전 서부경찰서 타격대장)**

할렐루야!

저는 대한예수교장로회 대신 총회 파송을 받고 서아프리카 기니에서 교회 사역과 경찰특공대 무술을 지도하며 사역하는 앙드레 손 선교사입니다. 그간에도 강은교회에서 저를 섬겨 주셔서 임무를 잘 수행하고 있습니다. 금번 33주년을 맞은 강은교회를 축하하며 일찍이 신학교 때부터 여러 가지 재능이 있던 우리 황 목사님은 사랑하는 친구요 동지입니다. 금년으로 1기 사역 건강하게 마무리 잘 하시고 다음 2기 사역에는 더 큰 기적이 나타나기를 축복합니다. **(앙드레 손/ 선교사, 서 아프리카 기니 경찰특공대 무술 감독)**

뼛속까지 대신인 황화진 목사! "2만8천 동네에 우물을 파라"는 김치선 박사의 유훈을 뼛속에 새기고 사모님과 더불어 1목사 1성도로 시작한 강은교회! 파란만장한 33년의 역사를 이 한권에 어찌 다 담을 수 있으리요마는 사진 한장 한장 속에 담겨진 눈물겨운 사연들… 저 하늘에는 고스란히 그리고 아주 상세히 기록되어 있으리라! 33년 역사를 뒤로하고 새로운 33년을 향하여 새 출발 하는 강은교회여! 일어나라 빛을 발하라! 너희는 가서 모든 민족으로 제자를 삼으라 하신 주님의 지상명령을 다시 한 번 가슴깊이 새기고 날아오르자! 저 푸른 창공을 나는 독수리처럼! "오직 여호와를 앙망하는 자는 새 힘을 얻으리니 독수리의 날개 치며 올라감 같을 것이요 달음박질 하여도 곤비치 아니 하겠고 걸어가도 피곤치 아니하리라" 이사야 40장 31절 **(우상배/ 멕시코 선교사)**

경향 각지에서 날라 온 축하의 메시지(접수순)

저희 부부가 함께 13년 전에 사역하던 강은교회를 저희는 잊을 수가 없습니다. 목사님과 사모님의 따뜻한 사랑과 깊은 배려는 저희를 늘 황송하게 했지요. 약 2시간 차를 몰고 이른 아침부터 서둘러 교회가면 늘 온화하신 목사님 내외분과 강은식구들의 환대에 피곤이 다 풀리는 듯 했습니다. 예배를 드리고 함께 먹는 식탁의 교제는 강은식구들의 풍성하고 넉넉한 마음을 느끼기에 충분했습니다. 목사님 사택을 내 집 드나들 듯이 편안히 드나들며 어김없이 사모님이 타주시는 꿀물을 늘 잊을 수가 없습니다. 그 꿀물은 찬양하느라 아픈 목의 피로를 한방에 날려버렸지요. 이제 강은교회가 33주년이 되었다니 정말 기쁘고 감사한 일입니다. 친정식구들처럼 다정한 강은 식구들이 더욱 주안에서 화목하고 목사님과 사모님께 하나님의 크신 위로와 축복이 있으시길 기도드립니다. **(정두옥/ 한국기독교미술인협회 작가)**

다 허문 후에야 건설이 있듯 전반기 33년의 사역의 끝이 매서우셨나 봅니다. 하나님의 은혜에 감사드리고 목사님과 교회의 거룩한 수고에 감사드립니다. 모쪼록 성년 강은이 지역과 세상을 넘어 천사들과도 함께 주의 영광을 높이 송축하기를 소망할 정도의 호방하고 성숙한 신앙의 열매가 풍성한 교회 되시길 앙망합니다. 목사님의 청년건강과 함께… **(김용원/ 성약교회 목사, 대한예수교장로회 총회 부서기)**

황 목사님! 강은교회 설립 33주년을 축복합니다. 예수님 33년과 같아서 의미가 있습니다. 저도 금년 성역 33주년 감사 겸 박사학위 취득 예배와 찬송가학 책 발간 기념 감사예배를 엊그제 드렸는데 지금까지 지내온 것이 주의 크신 은혜라 감동이 컸습니다. 에벤에셀의 하나님께서 앞으로도 황 목사님과 강은교회에 임마누엘 하셔서 축복과 사랑이 넘치는, 희망이 넘치는 미래가 되시기를 주님의 이름으로 간절히 축원 드립니다. **(이국병/ 수원서부경찰서 경목위원장)**

33년간 강은교회를 사용하신 주님의 이름을 찬양합니다. 강은교회와 목사님의 지난 사역들을 돌아보면 하나님의 강권적인 은혜가 충만했음을 고백할 수밖에 없습니다. '순종이 제사보다 낫다' 라는 구절이 생각납니다. 결코 쉽지 않은 어려움의 시간 속에서도 황화진 목사님이 선택한 순종으로 인해 다양한 영역에 있는 많은 사람들이 복음을 들었으니 이것을 무엇과 비교할 수 있을까요? 오늘보다 내일이 더 기대되는 강은교회! 앞으로는 지난 33년 보다 더 강물같이 넘치는 은혜, 하나님의 강권적인 은혜, 강하고 담대하게 성도들의 은사가 풀어지는 교회가 되기를 기대하고 기도합니다. **(권혜진/ 캄보디아 선교사)**

황 목사님! 이렇게 축하하고 축복하고 싶네요.

첫째는 33주년이면 예수님의 생애와 같은 해를 지내오셨는데 긴 세월 변함없이 주의 일 감당했음을 축하합니다. 둘째는 예수께서 이 땅에 이루신 거룩한 사역을 감당해 오신 목사님과 강은교회의 지경이 더 넓혀져 왔음을 축하합니다. 셋째는 무에서 유를 창조하신 하나님의 창조의 섭리가 앞으로는 더 힘 있게 펼쳐지는 목사님과 강은교회 되기를 축복합니다. 마지막으로는 탑동 지역을 복음화하고 더 나아가 구원을 이루는 굴지의 교회로 부흥발전하길 축복합니다. 무더운 삼복의 계절에 목양 필승하는 황 목사님 사역이 되기를 기도합니다. **(지태열/ 경기중앙감리교회 목사, 전 감리사)**

부족한 사람이 주의 종이 되어 목회를 하면서 깨닫게 된 사실은 교회의 크고 작음과 상관없이 목회의 현장에서 그 사명을 다하고 계신 목사님들이 존경스럽다는 것이었습니다. 그중의 한분 황화진 목사님이십니다. 목회 33년 동안 교회 안에 얼마나 많은 일이 있었을까요? 목사님과 목회를 돕는 자도 있었겠지만 무관심하거나 모른척하는 분도 있었겠지요. 그럼에도 불구하고 환경이나 사람에 요동하지 않고 여기까지 달려오신 목사님과 강은교회를 축복하지 않을 수가 없습니다. 목회가 힘들다고 하는 이때에 '주와 같이 길 가는 것 즐겁습니다.' 보여주는 교회, 금과 은이 아니라 그리스도의 능력이 살아있는 교회로 계속 세워져 가길 응원하며 기도합니다. **(천준호/ 수원 화평교회 목사, 대한예수교장로회 총회 부회의록 서기)**

낯선 탑동에 와서 누리는 복이 여럿 되지만 그 가운데 빠질 수 없는 것이 강은교회 황화진 목사님과의 만남입니다. 늘 소탈하시고 사람 좋은 인상으로 편히 대해주시지만 숨겨진 내공이 대단하신 것을 나중에 알게 되었습니다. 문인으로 책을 내시는 멋진 목사님이십니다. 교단을 사랑하는 마음도 대단하시고 경찰서를 비롯하여 지역사회의 일에도 애정을 가지신 좋은 목사님입니다. 물론 변함없는 강은교회 목회를 통해 후배들의 본이 되는 목사님이십니다. 황 목사님께서 강은교회 33년을 목회하셨다는 이야기를 듣고는 정말 감동하였습니다. 33년의 목회는 쉬운 일이 아닙니다. 그것도 한 교회를 목회하는 대단한 일입니다. 성실하다는 것을 반증하는 것이고 교인들이 목사님을 사랑한다는 증거이기도 합니다. 교회와 목사님이 하나가 되지 않으면 불가능한 일이지요. 무리하지 않고 평화를 추구하지만 불의와 타협하지 않고 진리를 붙드는 멋진 황 목사님 33년간 노송처럼 지역과 교회를 지키시는 큰일을 하셨습니다. 음식을 먹을 때 맛이 있으면 "거참 삼삼하다" 이렇게 말하지요. 주님의 입맛에 맞는 아름다운 목회가 된 줄 믿습니다. 앞으로도 건

경향 각지에서 날라 온 축하의 메시지(접수순)

강하셔서 강은교회 50년 꽉 채우시고 함께 교제하는 기쁨을 계속해서 누릴 수 있기를 기대해 봅니다. 강은교회 33주년 진심으로 축하드립니다. **(서성권/ 탑동중앙교회 목사, 탑동목회자연합회 총무)**

"할렐루야! 강은교회 설립 33주년을 진심으로 축하드립니다. 저희는 수원서부경찰서 기독신우회입니다. 그동안 황 목사님께서는 우리 경찰서에 오셔서 기도해 주시고 설교해 주시고 또 사모님께서도 오셔서 반주로 섬겨 주셔서 늘 감사하게 생각하고 있습니다. 이제 새로운 출발, 제 2기 사역에서는 강은교회가 더 큰 발전이 있기를 저희들도 기도하겠습니다. 거듭 축하드립니다. 감사합니다." **(수원서부경찰서 기독신우회)**

편집후기〈가나다순〉

예수님의 생애 33년
그리고 예수님은 돌아가시면서 이런 말씀을 하셨습니다. "다 이루었다."
33년의 짧은 생을 마감하시면서 어떻게 그런 말씀을 하실 수 있었을까요? 요즘 수명으로 따진다면 보통 사람의 절반도 안 되는 정말 짧은 수명입니다. 좀 더 오래 이 땅에 살아계시면서 이런 저런 위대한 기사와 이적. 업적을 남기셨으면 더 좋지 않았을까 하는 생각도 해봤습니다. 더 많이 치료해 주고 배고픈 사람들도 배불리 먹여주고 도탄에 빠진 백성들도 구제해 주고 특히 당시 로마의 압제에 있던 이스라엘 민족들을 해방시켜 주셨다면 지금까지도 존경받고 추앙받는 민족의 지도자 영웅이 되지 않았을까 하는 생각을 해 본 것입니다.
그러나 만약에 그랬다면 나는 오늘날 예수가 누구인지 잘 모르는 채 한 권의 위인전 속에서 예수라는 인물의 이야기를 읽고 있었을 지도 모를 일입니다.
강은교회가 창립 33년을 맞이했습니다. 정말 축하할 일이고 또한 축하받아 마땅한 일입니다. 엄밀히 따진다면 강은교회 33년의 역사는 황화진 목사님의 인생의 이야기가 아니겠는지요? 아무런 개척 멤버 없이 정자동의 작은 상가 건물의 월세로부터 시작하여 이목동의 산속에서 판넬로 교회를 짓고 또 개척을 시작하고 탑동의 조립식 건물을 매입하여 또 새로운 목회를 이어가고 비록 주차공간도 부족하고 장소도 협소하기는 하지만 이제 그 자리에 건축을 하여 벌써 16년의 세월이 흐르고 이제 교회는 33년의 성년의 나이가 되었습니다. 그간의 고난과 역경은 이루 말 할 수 없을 정도였을 것입니다.
참여하고 함께 한다는 것은 축복이고 은혜입니다. 저는 우리 교회의 창립멤버도 아니고 초창기 멤버도 아니고 중간에 합류한 교인의 한 사람이지만 그래도 많은 시간을 강은교회와 목사님과 함께 하면서 남들과 다른 새로운 감회를 갖습니다. 편집과정에서 사진 정리하는 일을 맡아 하다 보니 남들보다 그런 부분을 더 많이 느낀 것 같습니다.
강은교회의 역사는 하나님의 역사이고 인간적으로 매우 성실하신 목사님을 하나님께서 특별히 사랑하신다는 점입니다. 그런 교회와 목사님과 함께 하는 시간 역시 우리 성도들에게는 축복이고 은혜입니다.
예수님께서 다 이루었다고 하신 부분은 우리에게 남겨 주신 과제이고 숙제라고 생각 합니다. 우리 강은교회가 하나님의 섭리에 따라 지역사회에서 그 본분을 다하고 아주 작은 일들이지만 내게 주어진 일들을 잘 감당해 나갈 때에 하나님께서 또 은혜를 주시리라고 생각합니다.
이제 교회창립 33년을 축하하고 자축하며 또 미력하나마 편집에 참여하게 된 것을 감사하며 또 앞으로 역사하실 하나님의 크신 은혜를 기다려 봅니다. **〈사무장 김진용 안수집사〉**

저는 33년 동안 함께하지는 못했고 20여년 함께 한 것 같습니다. 황 목사님은 어려운 환경 가운데서도 꿋꿋이 사역을 감당해 오셨고 저는 그 모습을 쭉 지켜본 한 사람의 증인입니다. 여러 차례 쉽지 않고 어려운 일들을 겪으면서도 언제나 전혀 티 안내시고 말없이 스스로 극복하시는 모습은 너무 감동이었습니다. 그리고 목사님의 연약한 육신은 교인들의 기도제목이었습니다. 그래도 우리는 늘 함께 함이 좋은 나날들입니다. 이제 우리 교회는 새 성전을 향하여 진군하는 기도제목을 가지고 있습니다. 33년 이후 우리는 더욱 하나 된 모습으로 나아갈 것이며 함께 소망하는 하나님의 나라를 이루어 나갈 것입니다. 40년 50년 100년 주님 오실 그날까지…**〈주일학교 담당 김현심 교육전도사〉**

제가 강은교회를 다닌 지 13년이 되었습니다. 본 『강은교회 33년사』를 편집하면서 그동안 목사님은 변함이 없으시고 한결같으신데 많은 이들이 거쳐 간 것을 볼 수 있었습니다. 34주년에는 더 많은 성도들이 자리를 채워 이 지역에서 빛과 소금의 역할을 능력 있게 감당하는 우리 교회가 되길 간절히 기도합니다. 축하하고 축복하고 우리 성도님들 모두 사랑합니다. **〈시온성 가대원 김효숙 집사〉**

하나님께서 황화진 목사님을 통하여 강은교회를 세워주시고 정자동에서 이목동으로 다시 탑동으로 복음의 사역을 넓혀주셔서 감사드립니다. 목사님의 33년간의 헌신이 한 알의 밀알이 되어 2기 사역에는 큰 역사가 일어 날 줄 믿습니다. 저 개인적으로는 목사님 가정과의 인연으로 이목동 시절인 중학생 때부터 강은교회를 출석하였습니다. 얼마 후 저는 예수님을 인격적으로 만났고 또 장성하여 믿음의 가정을 이루도록 하나님께서 은혜를 주셨습니다. 저는 지금까지 강은교회 성도가 된 것을 감사하고 자랑스럽게 생각합니다. 황화진 목사님이 사모님 외에 개척 성도 없이 맨손으로 시작하셨지만 하나님께서는 강은교회를 크게 쓰시고자 지금의 많은 열매를 주셨습니다. 강은교회의 기둥이 되는 실버회, 여전도회, 남전도회 및 시온성가대, 새힘청소년부를 세워주셨습니다. 이제 이 모든 지체들이 2기 복음사역에 크게 쓰임 받는 귀한 은혜 주심을 감사드립니다. 33년 동안 늘 그 자리에서 묵묵히 말씀을 전하여 주시고 교회 성도들을 섬겨주시는 목사님께 감사드리며 2기 사역에는 더 큰 부흥의 역사를 이루어주실 하나님께 감사와 찬송을 드립니다. **〈재정부장 남진태 안수집사〉**

편집후기〈가나다순〉

강은교회에 온 지 2년 밖에 되지 않은 저는 우리교회의 역사가 참으로 깊다는 사실이 느껴졌습니다. 그래서인지 목사님과 사모님께서 걸어오신 목회 여정이 참 만만치 않으셨겠다는 것을 사진으로나마 조금 느낄 수 있었습니다. 이목동에 땅을 매입하여 판넬로 교회를 시공하셨던 것과 지하를 파시다가 탈진까지 하셨다는 것은 몰랐던 일입니다. 참 어려운 시간들 속에서 하나님의 은혜를 체험하셨을 것을 생각하면 여러 가지 생각이 듭니다. 하지만 목사님의 그런 헌신이 지금의 강은교회의 반석이 되어주신 것 같아서 감사하고 아름답게 느껴졌습니다. 또 한편으로는 이렇게 하나님께서 우리 교회를 인도하신 그 여정을 책으로 남기는 것도 귀한 일이라는 생각이 들었습니다.

사진을 한 장 한 장 보면서 모르는 분들이 많은 것을 보고 "참 그 땐 어땠을까?" 궁금하기도 했고 아는 얼굴이 보일 때면 반갑고 신기했습니다. 그러다보면 "40주년, 50주년엔 과연 어떤 역사가 우리 강은교회에 있을까?" 하는 생각도 해봤습니다. 정말 주님 오실 그 날까지 우리 교회가 반석 위에 서 있을 수 있도록 저도 더 열심히 헌신하고 섬기고 싶은 마음이 마구 솟아오릅니다. 이 책을 보시는 우리 교회 성도님들도 모두가 같은 마음을 가지시지 않을까 생각합니다. 우리 교회의 2기 사역이 부활의 주님께서 이루신 것처럼 큰 열매가 맺히게 될 것이라 믿습니다. 33년간 목사님께서 걸어오신 목회 여정을 저도 잘 배우고 따라가도록 노력하겠습니다. 〈지휘자 안성훈 음악전도사〉

파랗게 시린 하늘을 맞이한 아침입니다. 『강은교회 33년사』 편집위원으로 참여하여 사진을 보는 것만으로도 은혜가 넘쳤습니다.

황화진 목사님을 처음 뵌 것이 현재 제 남편이 된 강은교회 열혈 성가대원 박진우 집사와 2011년 따뜻한 봄 어느 날 목사님 집무실에서입니다. 처음부터 오늘까지 목사님을 뵐 때마다 꾸밈없는 인간적인 모습이 저는 좋았습니다. 뚝배기에 담긴 두부새우젓 찌개를 맛있게 드시던 모습도 좋았고 성장기 겪어야 했던 큰 아픔을 에피소드처럼 재미있게 이야기 하시는 모습에 위안도 얻었습니다.

1983년 12월 3일 한겨울 목사님과 사모님 두 분으로 시작하셨겠지만 희망이란 설렘으로 마음은 뜨거웠을 것입니다. 많은 어려움에도 불구하고 단련된 강철처럼 강하고 굳센 하나님의 집이 바로 이곳 강은교회입니다.

지난 33년이 그러하듯 새 성전에서의 제2기 사역도 확신하며 더욱 굳센 하나님의 집, 마음의 공동체가 될 것입니다.『강은교회 33년사』출판을 성도들의 추억을 함께하는 마음으로 기뻐하며 제2기 사역을 위해서도 기도드리겠습니다. **〈은혜와 평강이 넘치는 강은교회 선교부장 전은주 집사〉**

목사님과 사모님의 관계를 보며 천생연분, 바늘과 실, 잉꼬부부란 비유만으로는 표현이 부족하다고 늘 생각하였습니다. 개척 때부터 지금까지 녹록치 않은 고난의 길을 함께 걸어오시면서 하나님 앞에서 빚어진 인생에 대한 깊은 성찰과 순전한 성품이 거짓 없는 사랑으로 엮어진 것이기 때문이 아닐까라고 어렴풋이 짐작하게 됩니다.

저희 가정은 16년 전 시댁이 있는 수원으로 이사 오게 되었고 경제적, 정신적으로 힘든 시간들을 보냈습니다. 그러나 황 목사님의 담백한 설교말씀과 평안이 감도는 교회 분위기, 소탈하고 친절한 성도님들 덕분에 낯선 타향이 아닌 행복하고 따뜻한 제 2의 고향이 되었고 이제는 하나님께서 기뻐하시는 믿음의 가정으로 끝까지 나아가길 소망하고 있습니다.

33년 동안 우리교회와 함께 하신 하나님께 감사와 영광을 올려드립니다. 2017년부터는 더욱 비상하는 강은교회, 부활의 능력이 넘치는 강은교회, 예수님의 선한 영향력을 세계 곳곳에 미치는 강은교회, 사랑이 넘치는 강은교회가 되길 기도합니다. **〈여전도회 총무 황세희 집사〉**

저자소개

황화진 목사는 강화 교동도에서 출생하였고 안양대학교 신학부와 한국방송대학교 농학과를 졸업하고 평택대학교 대학원에서 석사를, Reformed Theological Seminary에서 명예 신학박사 학위를 받았다. 수필가로 일찍이 문단에 데뷔하여 한국문인협회 회원이고 『그곳은 마게도냐였다』외 10여 권의 저서가 있다. 대한예수교장로회 중부노회장을 3선 역임했고 수원서부경찰서 경목실장을 역임한 후 여전히 경찰서 사역을 하고 있다. 메인 사역으로는 역시 강은교회를 섬기는 일이다.

편집위원/ 김진용, 김효숙, 김현심, 남진태, 안성훈, 전은주, 황세희
이 책은 무상배포를 원칙으로 하고 있습니다.
다만 혹 선교헌금에 동참을 원하시는 분은 아래 계좌를 이용해 주십시오.
농협 170820-55-000043 예금주/ 강은교회

사진으로 보는 강은교회 33년사

초판인쇄	2017년 5월 1일
지은이	황화진
펴낸이	강은교회 출판위원회
주 소	경기도 수원시 권선구 금호로 200번길 14
전 화	031-296-1259, 010-9280-2840
팩 스	031-293-6153
ISBN	978-89-93872-33-0

* 책 값은 뒷 표지에 있습니다.
* 잘못된 책은 바꾸어 드립니다.